शिव से शंकर तक

शिव से शंकर तक

लिंग प्रतीक का रहस्य

देवदत्त पट्टनायक

लेखक द्वारा चित्रांकन

राजपाल

अनुवाद
नीलाभ

ISBN : 9789350642634

प्रथम संस्करण : 2017 © देवदत्त पट्टनायक

हिन्दी अनुवाद © राजपाल एण्ड सन्ज़

SHIV SE SHANKAR TAK (Mythology) by Devdutt Pattanaik

(Hindi translation of *Shiva to Shankar*)

राजपाल एण्ड सन्ज़

1590, मदरसा रोड, कश्मीरी गेट, दिल्ली–110006

फोन : 011-23869812, 23865483, फैक्स : 011-23867791

website : www.rajpalpublishing.com

e-mail : sales@rajpalpublishing.com

www.facebook.com/rajpalandsons

क्रम

अनुवादक की ओर से

अंग्रेज़ी से हिन्दी में अनूदित इस पुस्तक को पढ़ते समय पाठकों से निवेदन है कि निम्न बातों का ध्यान रखें—

इस पुस्तक की विषयवस्तु प्राचीन भारतीय पौराणिक गाथाओं के एक सुपरिचित विषय से सम्बन्धित है, इसकी प्रस्तुति, कहीं-कहीं इसकी व्याख्या आधुनिक एवं समकालीन सन्दर्भों में की गयी है।

लेखक की व्याख्या विषय की परम्परागत समझ को न तो किसी तरह से कम करती है और न ही उससे दूर ले जाती है। इस विषय के प्रति लोगों में आदर या श्रद्धा की भावना है, लेखक की व्याख्या उसे भी अभ्यारोपण से कम नहीं करती है/न किसी भी तरीके से विषय के सम्मान और महत्त्व को दूसरों की समझ से कमतर आँकती है।

यह पुस्तक मूलतः अंग्रेज़ी में लिखी गयी थी और हिन्दी में अनूदित करने की अपनी चुनौतियाँ थीं क्योंकि मूल अंग्रेज़ी में प्रयुक्त कुछ शब्दों के सटीक और समकक्ष हिन्दी शब्द नहीं हैं। ऐसी स्थिति में एक शब्द की व्याख्या एक वाक्यांश या संक्षिप्त वर्णन से की गयी है। यह पुस्तक उन पाठकों के लिए उपयोगी है जो विषय से बहुत परिचित नहीं हैं। लेकिन जो पाठक इस पुस्तक की विषयवस्तु से सुपरिचित हैं उनके लिए इस तरह का वर्णन अनावश्यक हो सकता है। पाठकों से निवेदन है कि पढ़ते समय इस बात को ध्यान में रखें।

लेखक की ओर से

हिन्दुत्व स्थिर या जड़ धर्म नहीं है। यह इतिहास के साथ विकसित हुआ है।

अपने पूर्ववर्ती रूप में यह वैदिक धर्म के रूप में जाना जाता था, चरवाहों का धर्म, जिनकी आम पहचान आर्यों के रूप में की जाती है। उनकी प्रारम्भिक और मूल धार्मिक गतिविधि, यज्ञ नाम के कर्मकाण्ड द्वारा, विभिन्न सांसारिक आकांक्षाओं की पूर्ति के लिए, ब्रह्मन कही जाने वाली एक अमूर्त शक्ति का आह्वान थी। उर्वरता और बल तथा सत्ता की आकांक्षा पूरी करने के उद्देश्य से मन्त्र पाठ किया जाता था और यज्ञ-कुण्ड में आहुतियाँ अर्पित की जाती थीं। इस कर्मकाण्ड में किसी स्थायी उपासना-स्थल के न जुड़े होने से अनुमान होता है कि उसके अनुयायी घुमन्तू, यायावर समुदाय के लोग थे।

आज हिन्दुत्व की जड़ें धरती में गहरी उतरी हुई हैं, उससे जुड़ी हैं। यह किसी उपासना-स्थल, अक्सर बड़े-बड़े मन्दिरों वाले किसी बड़े परिसर के गिर्द घूमती हैं। यह परिवर्तन दो हज़ार साल से भी ज़्यादा पहले, खेतिहर समुदायों, नगरों में रहने वाले लोगों और वनवासी कबीलों के साथ आर्यों के घुलने-मिलने से घटित हुआ। यह प्रक्रिया एक हज़ार साल से भी अधिक समय तक जारी रही। घुलने-मिलने की इस प्रक्रिया की दिलचस्पी जगाने वाली झलकियाँ उन ऐतिहासिक-पौराणिक ग्रन्थों और महाकाव्यों से उभर कर सामने आयीं जो पिछले लगभग हज़ार वर्षों के दौरान लिखे गये हैं।

हिन्दुत्व के स्वरूप में सबसे अधिक विलक्षण परिवर्तन लगभग अनीश्वरवादी कर्मकाण्ड से हट कर निर्भीक और अटल देववाद की ओर आने में देखा जा सकता है : बहुत-से देवताओं और दैवी तत्वों से एक सर्व-शक्तिशाली ईश्वर की ओर आने में।

लेकिन सभी भारतीय चीज़ों की तरह, यह विश्वास या आस्था सहज या सरल नहीं थी। हिन्दुओं ने सर्व-शक्तिमान ईश्वर की कल्पना अलग-अलग तरीकों से की। कुछ लोगों के लिए, ईश्वर संसार के पालक विष्णु देवता थे। दूसरों के लिए, संसार-त्यागी शिव। और फिर ऐसे भी थे जिनके लिए स्त्री-रूपी देवी ही ईश्वर का रूप थीं। देवताओं का अस्तित्व देवी, देवों और दैवी तत्वों के साथ-साथ मौजूद रहा। कुछ भी त्यागा या ठुकराया नहीं गया। यही हिन्दू परिपाटी थी।

शिव का पहला प्रमाण हमें पूर्व-वैदिक युग से प्राप्त होता है। सिन्धु घाटी सभ्यता की एक मुहर से। उसमें एक नग्न पुरुष उत्थित लिंग लिये, सिर पर सींगों वाला टोपा पहने, पशुओं से घिरा, योग के भद्रासन में बैठा है, यानी जैसे कोई राजगद्दी पर बैठता है। चूँकि उस मुहर पर अंकित लिपि अभी तक पढ़ी नहीं जा सकी है, हम इस बात का सिर्फ़ अनुमान ही लगा सकते हैं कि यह बिम्ब या चित्र किस चीज़ का प्रतिनिधित्व करता है। लेकिन अधिकांश विद्वान और विशेषज्ञ विश्वास करते हैं कि यह शिव का एक पूर्ववर्ती रूप है, क्योंकि उसमें शिव के कम-से-कम तीन लक्षण मिलते हैं—पशुपति के रूप में शिव, योगेश्वर के रूप में शिव और लिंगेश्वर के रूप में शिव।

कड़े काल-निर्धारण के अन्तर्गत 1500 ईसा पूर्व में रची गयी आरम्भिक वैदिक रचनाओं में शिव को रुद्र के नाम से जाना जाता है। वह ऐसा देवता है जो भय उपजाता है। वह चीखता-चिल्लाता है और ऐसे बाणों की वर्षा करता है जिनसे रोग पैदा होते और फैलते हैं। उसकी पूजा उसे शान्त करने के लिए की जाती है और उससे दूर रहने की प्रार्थना की जाती है। यजुर्वेद के शतरुद्रीय मन्त्र में यह अभिप्राय भी निहित है कि उसे बहुत यौन-शक्ति सम्पन्न और अत्यन्त खतरनाक समझा जाता है। ब्राह्मण ग्रन्थों में लोगों से कहा गया है कि ''उसका नाम नहीं लिया जायेगा।'' वह एक बाहरी देवता बना रहता है—ऐसा देवता जिसे यज्ञ की बची हुई सामग्री ही समर्पित की जाती है। इसने और शिव के वेद-पूर्व प्रतिरूपों ने इस अनुमान को जन्म दिया है कि शिव शायद वैदिक देवता नहीं हैं। शायद वे किसी जनजाति के देवता थे या शायद बस्तियों में रहने वाले खेतिहर समुदायों, द्रविड़ों के देवता थे, जिन समुदायों को आर्यों ने पराजित किया।

विश्वास किया जाता है कि वैदिक देवसमूह में शिव का प्रवेश अनिच्छा और हिंसा के साथ हुआ और इसी ने दक्ष के यज्ञ के विनाश की कथा को जन्म दिया होगा। यह एक ओर खुले वैदिक कर्मकाण्डों और दूसरी ओर योग, तपस्या और रसायनशास्त्र जैसी गूढ़ और गोपनीय द्रविड़ प्रथाओं के बीच के तनाव-भरे, बेचैन सम्बन्धों की ओर संकेत करता है।

ईसा पूर्व पाँचवीं सदी में बौद्ध और जैन धर्मों ने वैदिक कर्मकाण्डों के सामने गम्भीर चुनौतियाँ खड़ी कर दीं। व्यापार-वाणिज्य में संलग्न वर्गों ने इन मठवादी वैरागियों की विचारधारा को अपनाया और प्रश्रय दिया। धीरे-धीरे लोक कल्पना में एक सर्वशक्तिमान ईश्वर के विचार की जड़ें पनपने लगीं जो कि बौद्ध और जैन मतावलम्बियों के लिए एक चुनौती थीं। आम आदमी को हमेशा ऐसी मूर्त, साकार कथाओं से अधिक सांत्वना मिलती थी जो वृक्षों, नदियों, पर्वतों, नायकों, ऋषियों, रसायनशास्त्रियों और तपस्वियों को उपासना के योग्य ठहराते। बहुत-से संरक्षक देवी-देवताओं और उर्वरतावर्द्धक प्रेतात्माओं से हट कर एक सर्वशक्तिमान ईश्वर की ओर आना बस एक छोटा-सा कदम ही था।

नास्तिक या कम-से-कम अनीश्वरवादी होते हुए, बौद्ध और जैन धर्मावलम्बी अपनी परिधियों पर आस्तिकता और ईश्वरवाद के प्रति आकर्षण को बर्दाश्त करने से अधिक कुछ नहीं कर सकते थे। अपना अस्तित्व बचाने के जी तोड़ प्रयास में वैदिक पुरोहितों, ब्राह्मणों ने कुछ और कदम उठाये : उन्होंने सचेत रूप से इस प्रवृत्ति को वैदिक घेरे में समो लिया। अपनी अवधारणा में उन्होंने निष्कर्ष निकाला कि देवत्व और कुछ नहीं, बल्कि सिर्फ़ उस रहस्यमय, आध्यात्मिक शक्ति—ब्रह्मन—का साकार रूप है, जिसका आह्वान वैदिक मन्त्रों के पाठ और वैदिक कर्मकाण्डों को सम्पन्न करके किया जाता है। पूजा—अन्न, जल, पुष्प, दीप और सुगन्धित धूप—अर्पित करके देवत्व का यह आह्वान, यज्ञ से किसी भी तरह भिन्न नहीं था। वेदान्त के आध्यात्मिक और दार्शनिक आधार को रूपकों में ढाल दिया गया, जिससे परम-आत्मा कोई अमूर्त अवधारणा नहीं रह गयी, उसने देवत्व का साकार रूप ले लिया। *श्वेताश्वतर उपनिषद* में शिव निस्सन्देह ब्रह्मण हैं, ब्रह्माण्डीय चेतना। इस सम्बन्ध के साथ वैदिक विचारधारा

धीरे-धीरे वह रूप ले बैठी जिसे हम आज 'प्राचीन हिन्दुत्व,' या 'सनातन धर्म' कहते हैं। इस रूपान्तरण ने यह सुनिश्चित कर दिया कि वैदिक विचारधारा बौद्ध और जैन की विचारधारा की ओर से होने वाले हमले से बच गयी।

इन्द्र और अग्नि जैसे वैदिक देवताओं को किनारे कर दिया गया। सारा ध्यान, देवत्व के साकार रूपों, शिव और विष्णु को दिया जाने लगा, जिनकी कथाएँ बार-बार सुनायी जाने लगीं और फिर पुराणों में संकलित करके संजोयी जाने लगीं।

मध्य युगों के दौरान शिव-पूजकों और विष्णु-पूजकों के बीच बहुत होड़ और प्रतिद्वन्द्विता दिखायी दी। *शिव पुराण* और *लिंग पुराण* में शिव को अक्सर विष्णु की सत्ता के पीछे की असली शक्ति के रूप में चित्रित किया गया है। यह कथावस्तु *विष्णु पुराण* और *मत्स्य पुराण* में पलट दी जाती है। यह प्रतिद्वन्द्विता इतनी कटु थी कि विष्णु-पूजक माथे पर लम्बा, खड़ा तिलक लगाते थे, जबकि शिव-पूजक आड़ा तिलक; विष्णु-पूजक अपने घरों को रंगते समय खड़ी कूची चलाते थे, जबकि शिव-पूजक कूची से आड़ा रंगते थे; जहाँ विष्णु-पूजक अपने घरों में तुलसी का पौधा रखते थे, वहीं शिव-पूजक बिल्व यानी बेल का वृक्ष उगाते थे। विष्णु की पूजा करने वाले लोग शिव-पूजकों के साथ वैवाहिक सम्बन्ध स्थापित करने या भोज में हिस्सा लेने से इनकार कर देते थे।

निश्चय ही मेल-मिलाप के अनेक प्रयास हुए, मिसाल के तौर पर हरि-हर की अवधारणा, जो लगभग पन्द्रहवीं सदी में लोकप्रिय हुई और जिसमें शिव और विष्णु को एक साथ पूजने की प्रथा द्वारा रास्ता निकाला गया। यहाँ तक कि सोलहवीं सदी में लिखी गयी तुलसीदास की *रामचरितमानस* में यह दर्शाने का खुला प्रयास किया गया कि शिव और विष्णु एक हैं और वही एक देवत्व मनुष्यता का कल्याण करता है।

आज शैव और वैष्णव भक्तों के बीच का संघर्ष और होड़ बहुत प्रकट नहीं है सिवाय तमिलनाडु के मन्दिरों और अय्यर और आयंगार समुदायों की परम्पराओं के। हालाँकि शिव और विष्णु, दोनों ही देवत्व के रूप माने गये हैं, कोई हिन्दू कभी शिव और विष्णु की अदला-बदली नहीं करेगा।

कथाएँ, प्रतीक और कर्मकाण्ड, खास तौर पर जिन्हें पवित्र-पावन माना

जाता है, लोगों के लिए संसार का अर्थ निकालने का एक रास्ता तैयार करते हैं। पावन कथाओं, प्रतीकों और कर्मकाण्डों से शिव की जो अवधारणा निर्मित की जाती है, वह विष्णु के विचार से बहुत भिन्न है। शिव हमेशा से ही एक अनिच्छुक वर हैं, जिन्हें देवी को विवाह के लिए बलपूर्वक मनाना पड़ता है। उनकी सन्तान 'सामान्य' रूपों से नहीं जन्म लेती। दूसरी ओर विष्णु स्त्रियों से घिरे रहते हैं। राम के रूप में वे उनकी रक्षा करते हैं, कृष्ण के रूप में वे उनसे प्रेम और अभिसार करते हैं। जहाँ शिव हिम-मण्डित पर्वतों, गुफ़ाओं और शमशानों के साथ जुड़े हैं, वहीं विष्णु हरी-भरी चरागाहों, नदियों और रणभूमियों से। जहाँ शिव कुत्तों, बैलों, भभूत, कपालों, पशु-चर्म और मादक पदार्थों से घिरे रहते हैं; वहीं विष्णु गायों, घोड़ों, रेशमी वस्त्रों, फूलों, मोतियों, सोने-चाँदी और चन्दन आदि से। शिव समाज का अंग नहीं बनना चाहते, लेकिन दूसरी ओर विष्णु समाज के लिए नियम और संहिताएँ स्थापित करते हैं। मन्दिरों में भी विष्णु को राजा की तरह कल्पित किया जाता है। उनका मानवीय रूप स्वर्ण-मण्डित होता है और भक्त उन्हें दूर ही से देख सकते हैं। दूसरी ओर शिव के उपासना-स्थल खुले मन्दिरों के रूप में बने होते हैं, जहाँ भक्त आसानी से अन्दर जाकर उनके प्रतीक-स्वरूप शिवलिंग पर जल चढ़ा सकते हैं। विष्णु को मक्खन और मिठाइयाँ अर्पित की जाती हैं, शिव को सिर्फ़ कच्चा दूध अर्पित किया जाता है। साफ़ है कि शिव तप के आदर्शों से जुड़े हैं, जबकि विष्णु सांसारिक विचारों से।

भौतिक, सांसारिक जगत के प्रति उपेक्षा का भाव उन दार्शनिक विचार-पद्धतियों की मुख्य वस्तु है, जो शिव को अपना संरक्षक देवता मानते हैं। यह उपेक्षा दो तरीकों से प्रकट होती है—तपस्या और रसायनशास्त्र या कीमियागिरी से। पहली पद्धति में सभी सांसारिक वस्तुओं से पीछा छुड़ा कर शिव से दोबारा एकमेक होने की खोज की जाती है, दूसरी में सांसारिक जगत पर नियन्त्रण पाने और उसे अपनी इच्छाओं के पालन पर विवश करने का प्रयत्न होता है। नेपाल का कश्मीरी शैववाद, तमिलनाडु का शिव सिद्धान्त और कर्नाटक के लिंगायत और वीर-शैव आन्दोलनों का झुकाव तप और त्याग की ओर है, जबकि 'पाशुपत', 'कापालिक' और 'कनफटे' योगियों जैसे तान्त्रिक सम्प्रदाय रासायनिक सिद्धान्तों की ओर उन्मुख होते हैं। पहली पद्धति में यौन-गतिविधि

का निषेध किया जाता है; दूसरी पद्धति में सम्भोग सिर्फ़ एक रहस्यमय कर्मकाण्ड है। दोनों में से कोई भी यौन-क्रिया के आनन्ददायक और प्रजनन सम्बन्धी पहलुओं पर अधिक ध्यान नहीं देता।

इसके बावजूद शिव का प्रतिनिधित्व एक स्पष्ट यौन-प्रतीक द्वारा होता है—पुरुष की जननेन्द्रिय द्वारा जो स्त्री की योनि में स्थापित है। क्यों ? इसी प्रश्न की खोज ने मुझे यह पुस्तक लिखने की प्रेरणा दी है।

निश्चय ही, सबसे सरल रास्ता है कि उसे एक उर्वरता-सूचक चिह्न या प्रतीक के रूप में स्वीकार कर लिया जाये। लेकिन किसी पौराणिक बिम्ब का अर्थ जानने के लिए हमें सुनी हुई भाषा (कथाओं) का मेल कार्य-रूप में परिणत भाषा (कर्मकाण्ड) और देखी गयी भाषा (प्रतीकों) से करना पड़ता है। असली अर्थ तक पहुँचने के लिए सारे असामंजस्यपूर्ण तत्वों को हटाने की ज़रूरत पड़ती है।

यौन बिम्ब-योजना के पीछे 'वास्तविक' अर्थ खोजने की कोशिश को हो सकता है संकोच और अरुचि से देखा जाये, सम्भव है अनैतिक भी समझा जाये। शिव के लिंग-रूपी प्रतिनिधित्व से हिन्दू विचलित और लज्जित होते रहे हैं। सदियों से इसे उनमें शर्मिन्दगी का भाव पैदा करने और सफ़ाई देने पर मजबूर करने के लिए इस्तेमाल किया जाता रहा है। समाज को हमेशा से ही यौन सम्बन्धी विषयों से, स्वयं मनुष्य के यौन-पक्ष से असहजता होती रही है, उसके आदिम स्वभाव और प्रकृति से आतंक महसूस होता रहा है। यह पुस्तक इस रूप में भी देखी जा सकती है कि जो प्रकट है, उसके लिए शर्म को दूर करने का एक और प्रयास है। शायद यह है भी। या शायद यह ऐसे तरीके से एक और अधिक गहरा अर्थ खोजने की कोशिश है, जिसे पहले नहीं परखा गया।

—देवदत्त पट्टनायक

भूमिका : लिंग-रूपी लेकिन उर्वर नहीं

वेद में शिव को महादेव कहा गया है, महान देवता जो स्वयं ईश्वर ही हैं।

तन्त्र में शिव को अपने देवत्व को जागृत करने के लिए शक्ति की, देवी की, आवश्यकता पड़ती है। वे शव की तरह सुषुप्तावस्था में धरती पर पड़े रहते हैं, जब तक कि शक्ति उन पर आसीन होकर उन्हें जगाती नहीं और सम्भोग करने के लिए विवश नहीं करतीं। सम्भोग इतना प्रखर होता है कि जब ऋषि उनसे मिलने आते हैं तब भी वे नहीं रुकते। इस निरन्तर—और किसी हद तक उच्छृंखल—मिलन के महत्त्व को न समझ पाने के कारण ऋषिगण शिव को लिंग के रूप में कल्पित करते हुए, उन पर मनन करने का फ़ैसला करते हैं।

लिंग एक प्राकृतिक चट्टानी संरचना होता है, आकाश की ओर उन्मुख, या नदी-तल से खोज कर लाया गया कोई चिकना, अण्डाकार पत्थर, या अच्छी तरह गढ़ा गया और ऊपर से भी गोल किया हुआ, एक लम्बाकार, गोल पत्थर, जिसे पत्ते जैसे आधार पर रख दिया जाता है। जब कोई भक्त उपासना-स्थल में प्रवेश करता है तो वह कटोरे जैसे आकार के पतले, थूथन-सरीखे मुँह को हमेशा लिंग की बायीं ओर को उन्मुख पाता है—उस पानी की निकासी करता हुआ जो छत से टंगे छिद्रित पात्र से लिंग के ऊपर बूँद-बूँद टपकता रहता है।

कथा है कि आदि शिल्पी, विश्वकर्मा, ईश्वर का सर्वोत्तम स्वरूप गढ़ने के इरादे से, एक गोल, लम्बाकार स्तम्भ के सामने खड़े थे। लेकिन उन्हें आभास हुआ कि देवत्व की भव्यता को किसी प्रतिमा में समाहित नहीं किया जा सकता, इसलिए उन्होंने उस स्तम्भ को एक आधार-पात्र में रख दिया और इस अमूर्त प्रतिरूप को उसका 'लिंग' कहा जिसका कोई लक्षण नहीं होता, हालाँकि 'लिंग' का मतलब लक्षण ही होता है।

यह कथा शिवलिंग को सारे यौनपरक महत्त्व से रहित कर देती है। करोड़ों लोग, जो बहुत स्नेह और श्रद्धा से शिवलिंग पर जल चढ़ाते हैं, लिंग को किसी कामुक अभिप्राय से सम्बद्ध करके नहीं देखते। फिर भी, अधिकांश विद्वान और धर्मशास्त्र—चाहे वे वैदिक हों या तान्त्रिक—लिंग को शिव के पुरुषत्व के प्रतिरूप में देखते हैं। वे कहते हैं कि वह आधार-पात्र देवी की योनि या गर्भ का प्रतिनिधित्व करता है। पति या बच्चों की आकांक्षी हिन्दू स्त्रियों को सलाह दी जाती है कि वे शिव की पूजा इस रूप में करें। इसलिए शिव को मिस्र के 'मिन' या रोम के 'प्राइयापस' से सम्बद्ध करना आसान है, जिनके उत्थित शिशन की पूजा—जैसा कि नृतत्व-विज्ञानियों और इतिहासकारों का दावा है—''जीवन और काम-शक्ति के स्रोत के रूप में और स्रष्टा और चमत्कारिक देवता के रूप में होती थी। ऐसी तुलना, हालाँकि सुविधाजनक है, पर उसका मेल उन विचारों से नहीं होता जो शिव के बिम्बों, कथाओं और दार्शनिक-आध्यात्मिक चिन्तन में व्यक्त किये गये हैं।

अगर शिव केवल उर्वरता के देवता होते तो क्या उनका निवास हिम-मण्डित पर्वतों की बजाय किसी हरे-भरे, सघन वन-प्रान्तर में न होता? क्या वे ध्यान और तप की बजाय, प्रेम, कामुकता और सुख तथा आनन्द से सम्बद्ध न किये जाते? क्या उन्हें 'संहारकर्ता' की बजाय 'स्रष्टा' न कहा जाता? क्या उनका प्रतिनिधित्व जीवन-विनाशक अग्नि की बजाय, जीवनदायी 'जल' द्वारा न होता? स्पष्ट ही, जो दिखता है, शिव में उसकी तुलना में और भी बहुत कुछ है।

शिव को हिन्दुत्व के वैदिक और तान्त्रिक, दोनों सम्प्रदायों की रोशनी में देखा-परखा जाना चाहिए। पहला अधिक अन्तरोन्मुखी और आश्रमवादी है; दूसरा बहिरोन्मुखी और अधिक सांसारिक है। पहला भौतिक जगत को माया और भ्रम के रूप में देखता है; दूसरा भौतिक जगत को सारी शक्ति और ज्ञान का स्रोत मानता है। वेद में देवी माया है, प्रलोभन है। तन्त्र में देवी शक्ति है, शक्ति का साकार रूप, देवत्व का माध्यम। शिव किस तरह देवी के प्रति व्यवहार करते हैं? वे उसके आकर्षण की ओर से आँखें क्यों बन्द कर लेते हैं? देवी उन्हें जागृत करने की चेष्टाएँ क्यों करती हैं?

कामुकता शिव की कथाओं, प्रतीकों और कर्मकाण्डों में रची-बसी है। यह तत्व ध्यान खींच लेता है, इन्द्रियों को जागृत करता है, मस्तिष्क को सान पर चढ़ाता है और प्रारम्भिक उत्तेजना—और ठेस—की अनुभूति के बीत जाने के बाद इस समृद्ध पौराणिक शब्दावली में अन्तर्निहित जटिल और चकरा देने वाले आध्यात्मिक विचारों को प्रयास किये बिना समझ लेने के योग्य बनाता है। अन्तत: जीवन का एक मोहित कर देने वाला बोध विकसित होता है, अस्तित्व की चिन्ता और उद्विग्नता से मुक्त, खुद अपने साथ और दुनिया व ईश्वर के साथ केवल शान्ति से भरा हुआ।

यह पुस्तक *शिव से शंकर तक*, तपस्वी होने से लेकर गृहस्थ बनने तक, ईश्वर की यात्रा की खोज है। यह दैवी 'कामुक तपस्वी' के साथ सम्बद्ध कथाओं, प्रतीकों और कर्मकाण्डों की जाँच-परख से दैवी 'कामुक तपस्वी' के पवित्र प्रतीक के रहस्य को खोलने का प्रयास करती है।

असंख्य पुराकथाओं में वास करता है
शाश्वत सत्य
पर कौन देख पाता है उसे पूरे-का-पूरा ?
वरुण की तो हैं हज़ार आँखें
इन्द्र की सौ
और मेरी केवल दो

1. शिव का एकाकीपन

शिव इस संसार का हिस्सा नहीं हैं। वे संसार का हिस्सा नहीं बनना चाहते। वे सुख-सुविधाओं से निरपेक्ष हैं। वे मानवीय मूल्यों और श्रेणियों से ऊपर उठ गये हैं। सामाजिक दृष्टि से वे एक भिखारी जान पड़ते हैं, लेकिन भिखारियों को भिक्षा चाहिए होती है। शिव कुछ नहीं चाहते।

शिव का एकाकीपन

ब्रह्माण्ड में एक शक्ति है—ऐसी शक्ति जिसका न तो कोई नाम है न रूप, फिर भी वह उस सबका पालन-पोषण करती है, जिसका नाम और रूप होता है। यह शक्ति न तो किसी स्थान में सीमित है, न काल से बँधी है। फिर भी यह स्थान को त्रि-आयामी बनाती है और समय को क्रमबद्ध करती है। प्राचीन ऋषियों ने इस शक्ति को ब्रह्मन कहा था। वे इस शक्ति तक वेदों के माध्यम से पहुँचते थे जो स्वयं-रचित, स्वयं-सम्प्रेषित होने वाले रहस्यमय मन्त्रों और स्तुतियों का समूह थे।

चार हज़ार वर्ष पहले, ब्राह्मण कहे जाने वाले पुरोहितों ने इन मन्त्रों को एक ऐसे कर्मकाण्ड में समाहित करा लिया था, जिसे यज्ञ कहा जाता था। अग्नि में आहुतियाँ दी जाती थीं ताकि धुआँ ब्रह्मन की शक्ति को दिव्य जीवों की एक जाति तक पहुँचा सके जिन्हें देव कहते थे और जो आकाश में निवास करते थे। इस कर्मकाण्ड से ऊर्जा ग्रहण करके देव जीवनदायी रस को धरती के गर्भ से जल, खनिज और वनस्पति के रूप में खींच निकालते थे।

ब्राह्मणों के लिए देवगण 'ईश्वर' थे, क्योंकि उनके कार्य जीवों यानी जीवित प्राणियों का पोषण और संरक्षण करते थे। उनके मण्डल में सूर्य देव, चन्द्र देव, वायु देव, अग्नि देव और बिजली गिराने वाले इन्द्र देव का निवास था। इनमें से हरेक के लिए यज्ञ के दौरान मन्त्र और स्तुतियाँ और आहुतियाँ थीं। लेकिन धरती के नीचे रहने वाले असुरों के लिए, जिन्हें 'दानव' माना जाता था, इनमें से कुछ भी नहीं था, क्योंकि वे रस को धरती की सतह के नीचे 'अजीव' नामक अजैविक रूप में रोके रखते थे।

फिर इनके अलावा शिव थे, पूर्ण एकान्त में ब्रह्माण्ड के केन्द्र में एक

हिम-मण्डित पर्वत के शिखर पर बैठे हुए, अपने चारों ओर रस के चक्र से अविचलित और बेपरवाह। उनकी आँखें बन्द थीं, उनकी देह स्थिर, उनकी जटाएँ उलझी हुई, उनके अंगों पर राख मली हुई। शिव किसी कोटि में नहीं रखे जा सकते थे। जीवन के विकास और विनाश से, रस के चक्र से अविचलित, वे न देवता लगते थे, न दानव। वे निष्क्रिय, अकर्मक, ठंडे और निष्प्राण दिखते थे, उस बर्फ़ीले पर्वत की तरह जिस पर वे बैठे थे। कौन शिव जैसे जीव को प्यार या उनसे नफ़रत कर सकता था, जिनका अस्तित्व निरुद्देश्य जान पड़ता था, जिसका कोई मानदण्ड या स्तर नहीं था और इसलिए जिसके निकट किसी चीज़ का कोई मूल्य नहीं था?

दक्ष का अपमान
(शिव पुराण)

वैदिक संस्कृति में प्रजापति कहे जाने वाले दक्ष का सम्मान सभी देवता करते थे। एक दिन उन्हें देवताओं की एक सभा में आमन्त्रित किया गया। जब दक्ष अपनी गरिमा और अभिमान के साथ उस सभा में पहुँचे तो सभी देवताओं ने खड़े होकर यज्ञ के संरक्षक दक्ष प्रजापति का अभिवादन किया। दक्ष ने प्रसन्न होकर सभी देवताओं का अभिवादन स्वीकार करते हुए, सभा में नज़र घुमायी। फिर उनकी नज़र शिव पर पड़ी, जो अकेले बैठे हुए थे और दक्ष के अभिवादन के लिए उठे नहीं थे। यह देखकर दक्ष का चेहरा तन गया, वे शिव को घूरते रहे, मगर शिव उसी तरह निर्विकार बैठे रहे। ऐसा नहीं था कि शिव दक्ष का अपमान करना चाहते थे, लेकिन वे इसलिए बैठे रहे, क्योंकि वे दक्ष के उच्च पद और प्रतिष्ठा के प्रति निरपेक्ष थे। दक्ष के आने का कोई प्रभाव उन पर नहीं पड़ा था, न ही उन्होंने दक्ष के प्रति अवज्ञा का भाव दिखाया था। वे बस, इस सबसे परे, निरपेक्ष थे।

लेकिन दक्ष बुरा मान गये। वे शिव से उसी आदर-सम्मान की अपेक्षा रखते थे, जो उन्हें दूसरे देवताओं से मिलता था। उसी

समय उन्होंने प्रतिज्ञा की कि वे शिव को किसी यज्ञ में आमन्त्रित नहीं करेंगे। उन्होंने शिव को प्रार्थना, प्रशंसा या बलि के अयोग्य ठहराते हुए, बाहरी घोषित कर दिया।

संसार के प्रति अपनी सारी उदासीनता के बावजूद, शिव का पौरुष (लिंग) दृढ़ और उत्थित रहा। परम्परागत रूप से इसका कारण बाहरी उत्तेजना माना जाता है और यह बहुत-से लोगों को भ्रम में डाल देता है।

शिव का बधिया किया जाना
(लिंग पुराण)

एक दिन शिव अपनी समाधि से बाहर आये और वन में विचरने लगे। विचरते हुए वे एक आश्रम में जा पहुँचे। वन के एक शान्त कोने में बना हुआ यह आश्रम एक ऋषि का था।

जब शिव उस आश्रम पर पहुँचे तो उन्होंने पाया कि वहाँ एक यज्ञ चल रहा था। कई ऋषि वहाँ अपनी पत्नियों के साथ सम्मिलित थे। मन्त्र पाठ के बीच यज्ञकुण्ड की अग्नि की लपटें ऊँची-ऊँची उठ रही थीं। शिव के आने पर सबका ध्यान फ़ौरन उन पर गया—शिव पूरी तरह नग्न थे और उनका लिंग उत्थित था। सारी सभा चकित होकर यह दृश्य देखती रह गयी। उस समय जब ऋषिगण यह नहीं समझ पा रहे थे कि क्या करें और त्रस्त होकर देख रहे थे, उनकी पत्नियों ने सारी मर्यादा त्यागने का फ़ैसला किया। उन पर शिव के सौन्दर्य और शक्ति का ऐसा प्रभाव पड़ा कि वे शिव का आलिंगन करने के लिए उनकी तरफ़ दौड़ पड़ीं।

धीरे-धीरे अपनी जड़ता से बाहर आकर ऋषिगण क्रुद्ध होकर शिव की ओर लपके। उन्होंने शिव पर आक्रमण कर दिया और अपनी पत्नियों के उच्छृंखल आचरण के लिए शिव को बधिया करना चाहा। सहसा, शिव का लिंग आग के एक जलते हुए स्तम्भ

में बदल गया जिससे आश्रम के साथ-साथ संसार के भस्म हो
जाने का ख़तरा पैदा हो गया।

ऋषिगण और उनकी पत्नियाँ शिव के उत्थित लिंग से इतना भ्रमित हो गयी
थीं कि उन्होंने उसके पीछे के पुरुष को नहीं देखा। वे यह देखने में विफल रहे
कि शिव के शरीर में उस तनाव का कोई चिह्न नहीं था, जो आलिंगन, सम्भोग
और वीर्य-स्खलन करने की इच्छा रखने वाले पुरुष के शरीर में होता है।

हिन्दू चित्रकार और मूर्तिकार लम्बे समय से लिंग को मानसिक अवस्था
दर्शाने के लिए इस्तेमाल करते रहे हैं, जबकि कथावाचकों ने वीर्य के प्रवाह
को मानसिक प्रक्रिया के रूपक की तरह इस्तेमाल किया है। लिंग का उत्तेजित
होना उस दशा का द्योतक है जब मस्तिष्क सांसारिक चीज़ों की ओर आकर्षित
होता है; शिथिलता इसकी विपरीत दशा का द्योतक है। वीर्य-स्खलन ऐन्द्रिक
उत्तेजना के आगे समर्पण का सूचक है : उसे संजोना विपरीत दशा का सूचक
है। शिव का लिंग उत्थित है, लेकिन उनकी आँखें बन्द हैं। धर्मशास्त्रों के
अनुसार उनका वीर्य उलटी दिशा में प्रवाहित होता है, जिसे ऊर्ध्व-रेतस कहते
हैं। इस तरह, शिव में मस्तिष्क गतिशील और सक्रिय है, पर बाहरी उत्तेजना
के कारण नहीं।

शिव का लिंग स्वयंभू, आत्म-चेतस, स्वतःस्फूर्त है, जो सभी वस्तुओं
की वास्तविक प्रकृति के बोध—सत—का परिणाम है। यह बोध तब होता है
जब चित्त अहंकार, स्मृति, कामना और उन सारे तत्वों से रहित हो जाता है जो
मस्तिष्क को भ्रमित करते हैं। फलस्वरूप आनन्द की स्थिति आती है—बाहरी
प्रेरणाओं और उनके प्रभावों से मुक्त। शरीर के शेष हिस्से में उत्तेजना के
किसी भी संकेत के बिना, शिव का स्वतःस्फूर्त, स्वायत्त लिंगोत्थान, सत-
चित्त-आनन्द की अवस्था की कलात्मक अभिव्यक्ति है, उस दशा की जब
व्यक्ति ब्रह्म से एकाकार हो जाता है। सत-चित्त-आनन्द की अवस्था में लीन
शिव आत्म-केन्द्रित हैं : उन्हें सांसारिक आकर्षणों के प्रति सक्रिय होने या
अपने वीर्य-स्खलन की कोई कामना नहीं होती।

तन्त्र के अनुसार वीर्य रस के एक रूप के सिवा और कुछ नहीं है।

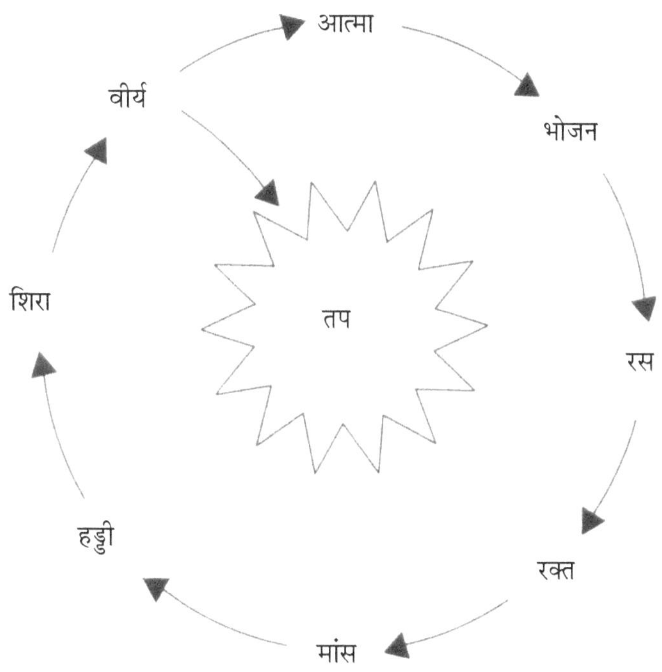

उपनिषदों के अनुसार, सारा संसार अन्न है, एक-दूसरे का भक्षण करता हुआ। पदार्थ और ऊर्जा का यह चक्र—अजैविक से जैविक और फिर अजैविक की ओर—रस का चक्र है। हम इस चक्र पर अपने पोषण के लिए और उसके पोषण में योग देकर, उसका अंग बन सकते हैं। या शिव की तरह उससे पूरी तरह विमुख हो सकते हैं—न खाते हुए, न साँस लेते हुए, न वीर्यपात करते हुए। यह विमुखता या अलगाव वीर्य की ऊर्ध्व गति से द्योतित होता है जो तप की आध्यात्मिक अग्नि को प्रज्वलित कर देता है।

खनिजों का रस वनस्पतियों द्वारा सार में रूपान्तरित किया जाता है। देवता इस प्रक्रिया में सहायक होते हैं, जबकि असुर इसे बाधित करते हैं। फलस्वरूप, वे लगातार आपस में संघर्ष करते रहते हैं। पशुओं और मनुष्यों के शरीरों में वनस्पतियों का रस क्रम से प्लाज्मा, रक्त, मांस, हड्डी, शिरा और अन्तत: बीज में बदल जाता है। स्त्री का बीज अण्ड या डिम्ब कहलाता है जबकि पुरुष के बीज को वीर्य कहते हैं। अस्खलित बीज मानव शरीर में ओजस या ऊर्जा में बदल जाता है और जब जीव अपने परिवेश और वातावरण के साथ क्रिया-प्रतिक्रिया करता है, तो खर्च होता है। इस तरह, रस जो जीवित प्राणियों के भीतर भोजन के रूप में जाता है—चाहे मिट्टी के पोषक तत्वों के रूप में, वनस्पतियों के रस-सार के रूप में या पशुओं के मांस के रूप में—फिर से वातावरण के साथ किसी भी क्रिया-प्रतिक्रिया के दौरान खर्च की गयी ऊर्जा के रूप में वापस वातावरण में पहुँच जाता है। इस प्रकार क्रमवार रसों के प्रवाह से जीवनचक्र चलता रहता है।

रस, जो भोजन के माध्यम से शरीर में प्रवेश करता है, संसार में फिर से प्रवेश करता है, जब वह नया जीवन उत्पन्न करने के लिए शरीर से निकाला जाता है। स्त्रियों का बीज यानी अण्डा या डिम्ब सहज, स्वत: रूप से मासिक धर्म के समय गिरता है, जैसे वनस्पतियों का परागण के समय या पशुओं का ऋतु-काल आने पर। लेकिन पुरुष अपनी इच्छा से वीर्य के प्रवाह पर नियन्त्रण रख सकते हैं। पुरुष भोगी हो सकता है और कामना के वशीभूत होकर वीर्यपात कर सकता है; या, वह योगी हो सकता है और कामना पर विजय पाकर अपने वीर्य को संजोये रख सकता है। पुरुष की इस अनोखी शरीर रचना ने (हालाँकि आधुनिक विज्ञान ने इसका खण्डन किया है) उसे ऋषियों की आँखों में 'व्यक्ति' का आदर्श प्रतीक बना दिया। ठीक जैसे पुरुष वीर्य के प्रवाह पर नियन्त्रण रख सकता है, वैसे ही हर व्यक्ति—पुरुष या स्त्री—चारों तरफ़ की दुनिया से अपनी क्रिया-प्रतिक्रिया का स्वरूप नियन्त्रित कर सकता/सकती है। इस रूपक को स्वीकार करते ही निष्क्रिय, ऊर्ध्वलिंगी शिव उस व्यक्ति में बदल जाते हैं, जिसने सारी सांसारिक कामनाएँ जीत ली हैं, जो वीर्य के उलटे प्रवाह से द्योतित होता है, और जिसने आत्म-बोध और

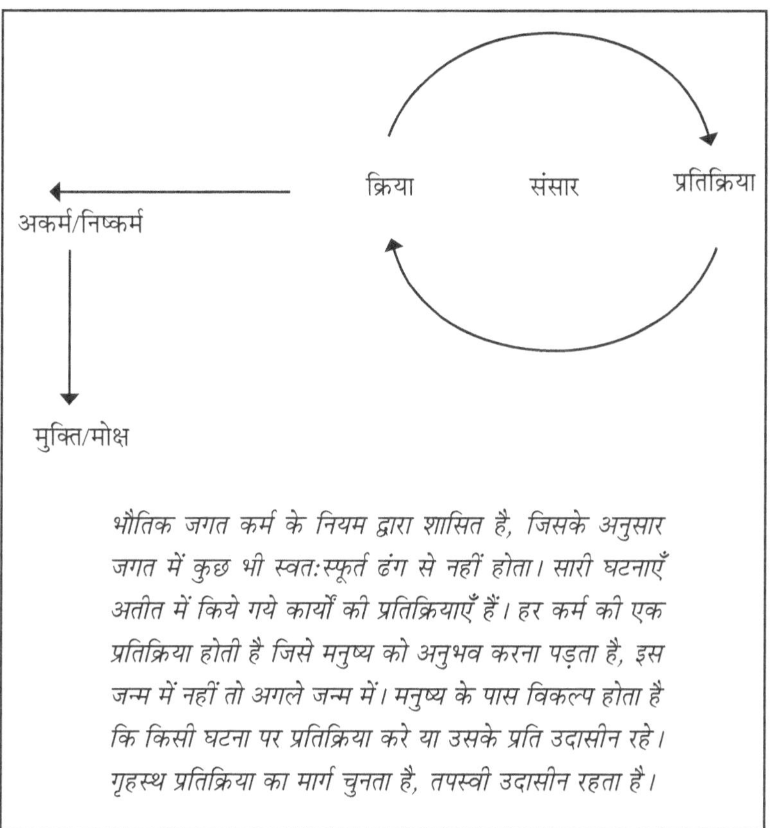

आत्म-निर्भरता का, सत-चित्त-आनन्द का, आत्म-चेतस लिंग का, वह लक्ष्य पा लिया है जिसकी कामना सभी करते हैं।

शिव न तो वीर्य-स्खलन करते हैं, न ऊर्जा खर्च करते हैं। ऊर्जा बस उनके शरीर में ताप की तरह इकट्ठी होती रहती है, क्योंकि वे उस समय तक सभी सांसारिक क्रिया-प्रतिक्रिया से विलग रहते हैं जब तक यह ऊर्जा उस आध्यात्मिक अग्नि को प्रज्वलित नहीं कर देती जिसे तप कहते हैं। तप के मन्थन की इस प्रक्रिया और साधना को तपस्या कहते हैं और मन्थन करने वाले को तपस्वी। तप वास्तविकता के सच्चे स्वरूप और स्वभाव को प्रकाशित करता है, जो कुछ चेतना को भ्रमित करता है, उसे जला देता है और चित्त को

शान्ति प्रदान करके उसे स्थिर कर देता है। इस तरह तपस्या सत-चित्त-आनन्द के तिहरे उद्देश्य की ओर ले जाती है।

जब ऋषियों ने सारे तपस्वियों में अग्रणी, शिव को बधिया करने की कोशिश की तो लिंग ने अपना असली स्वरूप प्रकट किया—भौतिक सुख के साधन वाला नहीं, बल्कि आध्यात्मिक अग्नि की मथानी वाला।

हर जीव संसार में निवास करता है, उस दुनिया में जो पाँच इन्द्रियों द्वारा अनुभव की जाती है। यह संसार एक दुख-भरा और अभागा स्थान जान पड़ता है; सब कुछ अस्थायी और अनिश्चित है। दुख दूर करने के लिए जीव कर्म करता है—आत्म-रक्षा, आत्म-प्रसार और आत्म-ज्ञान के लिए जो जीवन में सुनिश्चतता, आशा और अर्थ का संचार करते हैं। हर कार्य 'वीर्यपात' का रूपक है और उसमें रस खर्च होता है। जीव उम्मीद करता है कि संसार से क्रिया-प्रतिक्रिया अन्तत: शान्ति का संचार करेगी—अस्तित्व की प्रकट निरर्थकता से ताल-मेल बैठायेगी। शान्ति दरअसल आम लोगों की शब्दावली में सत-चित्त-आनन्द की आध्यात्मिक अवस्था का नाम है।

लेकिन जब वीर्यपात होता है तो बच्चा पैदा होता है। हर उत्तेजना की प्रतिक्रिया में एक क्रिया होती है, जिसे जीव को इसी जीवन में या अगले जीवन में अनुभव करना पड़ता है। ऐसा ही कर्म के सार्वभौम नियम का विधान है। जीव को इस तरह अनुभवों के अनेक जीवन-चक्रों से गुज़रना पड़ता है जब तक कि कर्मों का ऋण चुका नहीं दिया जाता। जन्म और पुनर्जन्म का यह चक्र अनवरत रूप से चलता रहता है जैसे-जैसे जीव शान्ति की अनन्त खोज में संसार के उत्तेजक प्रलोभनों में फँसता रहता है।

तपस्वी द्वारा मथी जा रही तप की अग्नि जीव को उत्तेजना और प्रतिक्रिया के बीच रुकने का अवकाश देती है। सहज क्रिया के वशीभूत होकर वीर्यपात करने की बजाय मस्तिष्क उत्तेजना पर मनन करता है और उस प्रतिक्रिया को चुनता है जो शान्ति का संचार करेगी। इस तरह तप मस्तिष्क को प्रशिक्षित करता है कि वह सहज बोध को बुद्धि से युक्त कर सके। इसी कार्य को योग कहते हैं। योग तपस्या है। वह तप की अग्नि को प्रज्वलित करता है। तप के आलोक में जीव को बोध होता है कि कोई भी घटना पिछली घटनाओं की

सभी सांसारिक वस्तुओं के प्रति शिव की उदासीनता का फल जड़ता में होता है। कर्म के न होने पर प्रतिक्रिया भी नहीं होती। प्रतिक्रिया के न होने पर रस का प्रवाह रुक जाता है। संसार का अस्तित्व नहीं रहता। शिव को महान धनुर्धारी कहा जाता है, जिनका धनुष पिनाक, योग का प्रतीक है, उनका एकाग्र, स्थिर, अन्तर्मुखी ध्यान। अपने धनुष का उपयोग करके शिव तीनों संसारों को नष्ट कर देते हैं, जिनमें मनुष्य निवास करता है, साथ ही मनुष्य के तीनों शरीरों को भी।

प्रतिक्रिया है। उसकी पहचान और मूल्य-निर्धारण व्यक्ति के अनुभवों और अपेक्षाओं पर निर्भर है। अगर अनुभव और अपेक्षा अलग है, तो वही घटना दूसरी ही पहचान और मूल्य ग्रहण कर लेती है। भ्रमों के उत्तरोत्तर भस्म होते जाने पर चित्त शुद्ध हो जाता है, सत की अनुभूति होती है और आनन्द की अवस्था प्राप्त होती है। फलस्वरूप, कर्मों का जन्म और क्रम रुक जाता है। जीव को संसार से बाँधने के लिए कुछ नहीं बचता। इसी के साथ शान्ति का संचार होता है और अन्तत: मोक्ष प्राप्त होता है यानी, कर्म-बन्धन और पुनर्जन्म के चक्र से छुटकारा।

तन्त्र के अनुसार शरीर का तीन तत्वों में पुनर्जन्म होता है :

- स्थूल शरीर पाँच ज्ञानेन्द्रियों (आँख, कान, जिह्वा, नाक और त्वचा) से पाँच कर्मेन्द्रियों (हाथ, पैर, मुँह, गुदा और प्रजननेन्द्रिय) से बनता है।

- सूक्ष्म शरीर मस्तिष्क से बनता है जिसमें बुद्धि, अहं, विद्या, स्मृतियों और इच्छाओं का वास होता है।

- कारण शरीर जीव द्वारा किये गये कार्यों की यादों को बटोर कर रखता है।

जब कोई मरता है तो जो नष्ट होता है, वह उसका भौतिक शरीर है, जो देखा जा सकता है, और उसका मानसिक शरीर, जो उसके भौतिक शरीर में प्राण का संचार करता है। जो नहीं मरता, वह है उसका कारण शरीर, उसकी स्मृतियों का भण्डार, जो आत्मा को अगले जन्म की ओर धकेलता है। तपस्या का उद्देश्य इस तीसरे शरीर को भी नष्ट करना है, जो विचार रूपक की शक्ल में निम्नलिखित कथा में व्यक्त किया गया है।

शिव का त्रिपुर दाह

(शिव पुराण)

एक बार तीन असुरों ने, अजेय बनने की कोशिश में तीन उड़ने वाले नगर बनाये जो त्रिपुर कहलाये। इन नगरों का निर्माण अद्भुत

कौशल से हुआ था : तीनों अलग-अलग दिशाओं में उड़ते थे, जिससे उन्हें भेद पाना पूरी तरह असम्भव था। पुरों को ध्वस्त करने का एक ही तरीका था कि उन्हें एक ही बाण से उस क्षणांश में भेदा जाये जब वे एक सीध में हों। अपने आविष्कार पर प्रसन्न, तीनों असुर पगला गये और आतंक फैलाते और विनाश लीला करते हुए, जहाँ-तहाँ फिरने लगे। वे जानते थे कि उन्हें पराजित करना लगभग असम्भव था और इस जानकारी से वे आश्वस्त थे।

देवता शिव की शरण में गये और उन्होंने इन असुरों के आतंक के विरुद्ध शिव की सहायता माँगी। शिव ने धरती को रथ बनाया, सूर्य और चन्द्र को उस रथ के पहिये। मन्दार पर्वत को धनुष और काल के सर्प, आदिशेष की प्रत्यंचा चढ़ायी; स्वयं विष्णु उस धनुष का बाण बने। अब शिव त्रिपुर दाह के लिए तैयार थे। वे युगों-युगों तक इन तीन पुरों का पीछा करते रहे, जब तक कि वह क्षण नहीं आया जब तीनों पुर एक सीध में हों। जैसे ही यह हुआ, पलक झपकते शिव ने बाण मारा और कुछ ही पलों में तीनों पुर जल कर राख हो गये। फिर शिव ने उन पुरों की भस्म को अपने शरीर पर मल लिया।

काल और स्थान से बना शिव का धनुष सन्तुलन का प्रतीक है, जबकि चेतना से बना उनका बाण ध्यान और एकाग्रता का प्रतीक है। बाण चलाने का कर्म तपस्वी के अग्नि-मन्थन से भिन्न नहीं है। दोनों भ्रमों और मानदण्डों को नष्ट करके—चेतना को साफ़ कर देते हैं ताकि वह सत्य का साक्षात्कार करके आनन्द की अनुभूति कर सके। जब तीर अपने लक्ष्य को बेधता है, सत-चित्त-आनन्द उपलब्ध होता है।

हमारे तीन शरीरों के अलावा, शिव जिन तीन पुरों को नष्ट करते हैं, वे तीन विषयगत संसारों का प्रतिनिधित्व भी करते हैं—सूक्ष्म-जगत (निजी संसार), सामाजिक संसार और व्यापक संसार (बाकी संसार)। वे तीन वस्तुगत संसारों का भी प्रतिनिधित्व करते हैं—आकाश जिसमें देवता निवास करते हैं,

अंक 'तीन' के प्रतीक जो शिव की पुराकथाओं में दोहराये जाते हैं और उनके सम्भावित अर्थ

प्रतीक	सम्भावित अर्थ
• शिव के तीन नेत्र 	• तपस्या का उद्देश्य : सत-चित्त-आनन्द, अर्थात् पूर्ण सत्य—शुद्ध चेतना—पूर्ण आनन्द
• शिव के मस्तक पर भस्म की तीन आड़ी रेखाएँ 	• आत्म-रक्षण, आत्म-प्रसार और आत्म-बोध के तीन सांसारिक लक्ष्य (आत्म-ज्ञान के आध्यात्मिक लक्ष्य के अधीन)
• पूजा में प्रयुक्त बिल्व-पत्र की तीन पत्तियाँ 	• पदार्थ के तीन गुण—निष्क्रियता, उद्विग्नता और सामंजस्य (तम, रज, सत) • तीन शरीर—भौतिक, मानसिक और कारण
• शिव के त्रिशूल के तीन फलक 	• तीन विषयगत संसार—सूक्ष्म-जगत (निजी संसार), सामाजिक संसार और व्यापक संसार (बाक़ी संसार) • तीन वस्तुगत संसार—आकाश जिसमें देवता निवास करते हैं, पृथ्वी जिसमें मनुष्य निवास करते हैं और पाताल जिसमें असुर निवास करते हैं।

पृथ्वी जिसमें मनुष्य निवास करते हैं और पाताल जिसमें असुर निवास करते हैं।

जब शिव के तप की अग्नि तीनों पुरों या शरीरों को जला कर नष्ट कर देती है तो राख के सिवाय और कुछ नहीं बचता। राख ही वह चीज़ है जो किसी चीज़ के जल जाने पर बचती है। राख को आगे और नष्ट नहीं किया जा सकता। राख या भस्म, इस तरह, आत्मा का प्रतीक है, सभी चीज़ों का वह समान अनश्वर सार जो मृत्यु को भी पार कर जाता है और बाहरी अन्तर्विरोधों के हल कर लिये जाने के बाद सामने आता है। आत्मा या प्राण, तन्त्र में पुरुष के रूप में और वेद में आत्मा के रूप में जाना जाता है। यह सभी जीवों की असली पहचान है, तपस्या का लक्ष्य है। धर्मशास्त्रों का विश्वास है कि आत्मा ईश्वर का सार है। इसके बोध ही में सत-चित्त-आनन्द की अवस्था है।

शिव अपने शरीर पर भस्म मल कर विभूतिनाथ—विभूति यानी भस्म के स्वामी—बनते हैं। वे सभी जीवों को मृत्यु और अन्तर्विरोधों के पार आत्मा की ओर देखने का निर्देश देते हैं। भस्म को तीन रेखाओं में लगाया जाता है ताकि मनुष्यों को तीन पुरों और तीन शरीरों की याद करायी जा सके, जिन्हें आत्म-अभिज्ञान और आत्म-बोध की खोज में नष्ट करना ज़रूरी है। रेखाएँ निष्क्रियता और जड़ता व्यक्त करने के लिए आड़ी यानी क्षैतिज होती हैं, चूँकि अपने आप और अपने संसार के बारे में सचमुच जानने का एकमात्र मार्ग घटनाओं पर प्रतिक्रिया व्यक्त करना नहीं, बल्कि उन पर मनन करना है। जब आत्म बोध हो जाता है तब कोई उद्विग्नता नहीं रहती। व्यक्ति अपने संसार से तालमेल स्थापित कर लेता है। सिर्फ़ शान्ति विराजती है।

यज्ञ और तपस्या में अन्तर

यज्ञ	योग-तपस्या
ब्राह्मण ग्रन्थों में वर्णित	आरण्यक ग्रन्थों में वर्णित
देवताओं को सन्तुष्ट करने के उद्देश्य से	ईश्वर की खोज अपने अन्दर करने के उद्देश्य से
वैदिक मन्त्रों का पाठ	वैदिक मन्त्रों का मनन
बहिरोन्मुखी	अन्तर्मुखी
कर्मकाण्ड आधारित	संयम और निग्रह आधारित
लक्ष्य-संसार को बदलना	लक्ष्य-संसार के प्रति दृष्टिकोण को बदलना
गृहस्थों में लोकप्रिय	संन्यासियों में लोकप्रिय
जाति-वर्ण जैसे सामाजिक ढाँचों से सम्बद्ध	सामाजिक ढाँचों का अस्वीकार
बाहरी अग्नि प्रज्वलित करके सम्पन्न किया जाता है	अन्दर की अग्नि प्रज्वलित करके सम्पन्न किया जाता है
संसार और सांसारिकता का समर्थन	संसार और सांसारिकता का त्याग

वैदिक यज्ञ का लक्ष्य भी शान्ति था। इसीलिए सभी समारोह 'शान्ति, शान्ति, शान्ति' के उच्चारण से समाप्त होते थे। लेकिन तपस्या के विपरीत, जो शान्ति और देवत्व, दोनों के लिए अन्दर की ओर उन्मुख होती, यज्ञ बाहर की ओर उन्मुख होते थे। शिव की अग्नि का मन्थन चेतना में होता था, दक्ष की

अग्नि का मन्थन हवनकुण्ड में और वेदी पर होता था। शिव के लिए शान्ति तब उपलब्ध होती है जब मन-मस्तिष्क सभी भ्रमों, अनुभवों और अनुभूतियों से रहित हो जाते हैं। दक्ष के लिए शान्ति तब उपलब्ध होती है जब प्रकृति मनुष्य की कामनाओं की पूर्ति के लिए पुनर्संगठित हो जाती है।

दक्ष की नज़र में तपस्या एक निरुत्पादक, यहाँ तक कि विनाशकारी कर्म थी। यज्ञ के कर्मकाण्ड से दक्ष का मूल और प्राथमिक उद्देश्य था मानवीय जीवन की समृद्धि के लिए प्रकृति से संस्कृति के भीतर रस का अनवरत प्रवाह। उनका मन्त्र-पाठ और आहुतियाँ देवों को शक्ति प्रदान करती थीं कि वे असुरों द्वारा संचित जीवनदायी रस को मुक्त कर सकें। शिव का अग्नि-मन्थन रस के प्रवाह को जीवनचक्र से विमुख करता था। जैसे-जैसे शिव ने वातावरण से ऊर्जा और गर्मी अपने शरीर की ओर खींचना शुरू किया, उनके इर्द-गिर्द का परिवेश ठंडा और उजाड़—हिम-मण्डित पर्वत—बन गया, जीवन का पोषण करने या सभ्यता को जीवित रखने के अयोग्य। दक्ष की दृष्टि में शिव असुरों से, जो रस को जैविक रूपों से अजैविक रूपों में परिवर्तित करके कम-से-कम रस चक्राकार प्रवाह का हिस्सा थे, अधिक बुरे थे। शिव के कर्म जीवनचक्र के विरुद्ध थे। वे संसार में योगदान नहीं देते थे। इसलिए उन्हें 'संहारक' कहा गया।

दक्ष की विश्व-दृष्टि में केवल रस-वितरक देव और रस का रूपान्तर करने वाले असुर थे। यज्ञ के कर्मकाण्ड के माध्यम से दक्ष ब्रह्मन नामक उस जादुई शक्ति का आह्वान करते थे जो ब्रह्माण्ड के सन्तुलन को देवों की ओर झुका दे, जिससे देव संसार की सम्पदा को सभी जीवों के हित में प्राप्त कर सकें। दक्ष का विश्वास था कि प्रकृति के संसाधनों का प्रवाह अपनी ओर करने में ही तृप्ति और पूर्णता है। उनके लिए शान्ति का रहस्य संसार के नियन्त्रण में निहित था। वे अस्तित्व की उद्विग्नता का हल आत्म-रक्षा, आत्म-प्रसार और आत्म-बोध के कर्मों के माध्यम से खोजते थे। जीवन के प्रति इस दृष्टिकोण ने उन्हें और उनके जैसे अन्य यज्ञकर्ताओं को शिव के विरुद्ध खड़ा कर दिया।

निम्नलिखित कथा में शिव नृत्य द्वारा जीवन का ज्ञान संचारित करते हैं। ठीक जैसे व्यक्ति यज्ञ के बाहरी प्रतीकों में फँस कर कर्मकाण्ड के गहरे अर्थों का बोध नहीं कर पाता, वैसे ही व्यक्ति शिव के नृत्य की सुन्दर मुद्राओं में

आसानी से खोकर यह नहीं समझ पाता कि मनोरंजन के परे भी प्रबोधन है, ज्ञान का उजास है। शिव—जो नृत्य के माध्यम से प्रबोधन करते हैं, ज्ञान और संवेदनाओं के चक्षु खोलते हैं—नृत्य के देवता, नटराज कहलाते हैं। कथा में यज्ञकर्ताओं को पूर्व-मीमांसा के अनुयायी कहा जाता है। वे हिन्दुत्व के पुराने मत और मान्यताओं के अनुसार चलते थे, जो कर्मकाण्डी था और वैदिक मन्त्रों और तान्त्रिक रसायनशास्त्र की जादुई शक्तियों पर केन्द्रित था। शिव का नृत्य उत्तर-मीमांसा है—वह नया मत जो मन्त्रों और कर्मकाण्डों के परे अर्थ खोजता था। यह अर्थ सिर्फ़ पुरोहितों और दार्शनिकों तक ही सीमित नहीं था, बल्कि नृत्य और नाटक द्वारा आम जनों तक भी पहुँचाया जाता था। इस तरह, वास्तव में प्रभाव की दृष्टि से, नर्तक नटराज शिव एक क्रान्ति के प्रतीक थे जिसने ब्रह्माण्डीय ज्ञान को उच्च वर्गों से जन-जन में प्रसारित किया।

<h2 style="text-align:center">नृत्य द्वारा प्रबोधन</h2>

(स्कंद पुराण)

ऋषियों के एक समूह ने यज्ञ किया, पर मन्त्र-पाठ और कर्मकाण्ड में निहित ज्ञान को समझे बिना यज्ञ से शक्ति प्राप्त की। उन्हें इसका बोध कराने के लिए शिव ने एक बहुत सुन्दर युवक का रूप धरा और नंग-धड़ंग घूमते-फिरते उनके आश्रम में जा पहुँचे। उनका रूप इतना सुन्दर था कि ऋषि-पत्नियाँ अपने-अपने पतियों को छोड़कर उनके पीछे दौड़ पड़ीं। क्रुद्ध होकर ऋषियों ने कर्मकाण्ड से प्राप्त शक्तियों के बल पर एक बाघ, एक विषैले सर्प और एक बौने पिशाच की सृष्टि की। शिव ने ज़िन्दा बाघ की खाल उतार ली और उसे अपनी कमर में लपेट लिया। सर्प को पकड़कर अपने गले में माला की तरह पहन लिया। फिर वे बौने पिशाच की पीठ पर कूद कर चढ़ गये और नृत्य करने लगे। उन्हें नाचते हुए देखकर ऋषियों को आभास हो गया कि वे ईश्वर हैं और वह नृत्य अस्तित्व और जीवन के अर्थ पर एक व्याख्यान है। बाघ, सर्प और बौना पिशाच उनके आत्म-संरक्षण, आत्म-प्रसार और आत्म-सिद्धि के प्रतीक थे।

शिव ने उनके सामने आत्म-बोध या आत्म-ज्ञान का अवसर प्रस्तुत किया। एक हाथ से उन्होंने मृत्यु का डमरू बजाया जिससे जीवन संगीत पैदा हो। दूसरे में उन्होंने विनाश की ज्वालाएँ थामीं जिनसे ज्ञान की ज्योति पैदा हो। उनके चारों ओर अग्नि का एक मण्डल उभरा जो प्रकृति की निरपेक्षता, जन्म और मृत्यु के अनन्त चक्र का प्रतीक था। शिव का एक पैर नभमण्डल पर टिका था, चक्र के अन्दर, जबकि दूसरा मुक्ति खोज रहा था। दूसरे पैर की तरफ़ इशारा करते हुए वे ऋषियों को भ्रम-जाल से छुटकारा पाने और सत्य को उपलब्ध करने का मार्ग सुझा रहे थे।

हिन्दुत्व की पुरानी कर्मकाण्डी परिपाटी से हिन्दुत्व की नयी ईश्वरवादी परिपाटी की तरफ़ झुकाव शायद कई हज़ार साल पहले दो समुदायों के मिलन से उपजा था। यज्ञ के संरक्षक, उसमें विश्वास करने वाले अपनी पहचान 'आर्य' यानी 'भद्र' या 'श्रेष्ठ' के रूप में कराते थे। क्योंकि उनके पास वेद के रहस्य थे। यज्ञ के लिए किसी तय किये गये, स्थायी उपासना-स्थल की ज़रूरत नहीं थी, इससे संकेत मिलता है कि आर्य पशुपालक बनजारे थे। जैसे-जैसे उन्होंने भारतीय उपमहाद्वीप में खुद को स्थापित किया, वे स्थानीय लोगों के सम्पर्क में आये जो अधिक व्यवस्थित रूप से बसे हुए थे। मोटे तौर पर 'द्रविड़' या 'दक्षिणवासी' कहे जाने वाले ये समुदाय रसायनशास्त्र के जानकारों, संन्यासियों और तपस्वियों की सराहना करते थे।

जैसे-जैसे ये दो समुदाय आपस में घुले-मिले, इनके बीच रीति-रिवाजों और विश्वासों का समृद्ध आदान-प्रदान हुआ। दोनों समुदायों के बीच तनाव भी अनिवार्य थे। ज्यादा-से-ज्यादा तादाद में ऋषि और मनीषी वेद की वास्तविक प्रकृति और तन्त्र के जादू पर सवाल उठाने लगे : क्या मन्त्र-पाठ और कर्मकाण्ड का सरोकार भौतिक जगत से था या मानसिक जगत के कार्य-व्यापार से ? क्या 'ब्रह्मन' ब्रह्माण्ड की एक जादुई शक्ति था या केवल सभी चीज़ों के अन्दर मौजूद देवत्व ?

जो लोग पहली मान्यता में विश्वास करते थे, उन्होंने रीति-रिवाजों और

कर्मकाण्डों के विस्तृत निर्देशों का उल्लेख ऐसी संहिताओं में किया जिन्हें 'ब्राह्मण' कहा गया, जबकि दूसरी मान्यता में विश्वास करने वालों ने अपने विचारों को इकट्ठा करके 'आरण्यक' नामक ग्रन्थों की रचना की। दोनों विचार-परिपाटियों को मानने वालों के बीच जो संवाद, बहसें, विचार-विमर्श और चर्चाएँ हुईं, उन्हें ऐसे धर्मग्रन्थों में संगृहीत किया गया जो 'उपनिषद' कहलाये।

प्राचीन कर्मकाण्डों के सर्वोच्च संरक्षक—दक्ष—की दृष्टि में शिव की तपस्या जीवनचक्र के विरुद्ध थी। जहाँ असुर रस संचित करके रखते थे, तपस्वी जीवनदायी रस के प्रवाह को मोड़ कर तप की अग्नि की ओर ले जाते थे। शरीर में ऊर्जा को सोख लेने से संसार शिव के निवास, हिम-मण्डित कैलाश जैसा बर्फ़ीला और निर्जन बन जाता था। और अन्दर जो तप की अग्नि थी, वह भस्म या राख के सिवाय और कुछ नहीं पैदा करती थी जिससे किसी भी तरह के जीवन का पोषण नहीं होता था। इसीलिए दक्ष ने तपस्या का समर्थन करने से इनकार कर दिया था। उन्होंने शिव को आहुतियाँ देने का निषेध कर दिया था। यज्ञ सिर्फ़ देवों तक सीमित था जो रस को मानव-समाज के लिए उपलब्ध कराते थे। दुर्भाग्य से, दक्ष को अपने ही परिवार के भीतर से विरोध और चुनौती का सामना करना पड़ा।

दक्ष की सबसे छोटी बेटी
(शिव पुराण)

दक्ष देवों के लिए सिर्फ़ मन्त्र-पाठ ही नहीं अर्पित करते थे, बल्कि उससे अपनी बेटियों के विवाह का प्रस्ताव भी करते थे। लेकिन दक्ष की सबसे छोटी बेटी किसी देव से विवाह नहीं करना चाहती थी। उसने अपने पिता को हताश और त्रस्त करते हुए अपने हृदय में तपस्वी शिव को वर के रूप में चुन लिया था। वह अपने पिता का घर छोड़कर, जहाँ शिव जाते, उनके पीछे-पीछे जाती। वह शिव की आज्ञाकारी संगिनी बन गयी, कभी उनके कार्यों पर प्रश्न न उठाती, हमेशा उनके साथ-साथ रहती। इसीलिए वह सती, अर्थात् आदर्श पत्नी, के नाम से प्रसिद्ध हो गयी।

शायद वैदिक समुदाय के बहुत-से लोगों की तरह सती ने भी उन पुराने कट्टर-पन्थी तरीकों पर सवाल उठाये जो हृदय की आवश्यकताओं और मस्तिष्क के प्रश्नों की जगह कर्मकाण्डों के यान्त्रिक पालन पर अधिक बल देते थे। लेकिन सती को सांसारिक जगत से शिव की ठंडी अनासक्ति भी प्रभावित नहीं कर सकी। वह उस मध्य-मार्ग के लिए ललकती थीं, जहाँ पति का प्रेम और पिता का स्नेह हो।

दक्ष द्वारा शिव का अपमान
(कलिका पुराण)

एक बार दक्ष ने एक बड़े यज्ञ का आयोजन किया और सभी देवताओं को उसमें भाग लेने के लिए आमन्त्रण भेजा। सती ने देवताओं और उनकी पत्नियों को दक्ष प्रजापति के घर की तरफ़ जाते देखा। उसे यह जानकर भारी आश्चर्य हुआ कि उसे और शिव को इस भव्य यज्ञ में शामिल होने का न्यौता नहीं मिला था। यह सोचकर कि उनके नाम शायद गलती से छूट गये होंगे, उसने फ़ैसला किया कि वह जायेगी। आखिरकार, वह उसके पिता का घर था।

लेकिन शिव को इतना पक्का विश्वास नहीं था कि दक्ष उन दोनों को यज्ञ में सचमुच बुलाना चाहते रहे होंगे और उन्होंने अपने विचार अपनी पत्नी को बता दिये। 'नहीं, अवश्य ही कोई भूल हुई है,' सती यह स्वीकार करने को तैयार नहीं थी कि उसके पिता उसे और शिव को बुलाने के इच्छुक नहीं थे। सती के हठ को देखकर शिव ने उसे जाने दिया, लेकिन वे जहाँ थे, वहीं बने रहे। उन्होंने अपनी आँखें बन्द कर लीं और समाधि में चले गये।

सती अपने पिता के घर पहुँची। जैसे ही उसने प्रवेश किया, उसने देखा कि सभी देवता यज्ञ की आहुति ग्रहण करने के लिए बैठे थे। सती ने उस भव्य मण्डप में चारों तरफ़ नज़र दौड़ायी और पाया कि सभी आसन भरे हुए हैं। उसके पति शिव के लिए कोई

आसन नहीं रखा गया है! वह बहुत उद्विग्न और नाराज़ हुई। उसे आभास हो गया कि उसके पिता ने जान-बूझकर उसके स्वामी को आमन्त्रित नहीं किया था। उन्होंने उसके प्यारे पति शिव का अपमान किया था। और अधिक क्रुद्ध होकर उसने अपनी प्रश्नाकुल दृष्टि दक्ष की तरफ़ फेरी। 'तुम्हारा पति किसी भी आहुति के अयोग्य है,' सती के पिता ने निरपेक्ष भाव से टिप्पणी की। सती पल भर अपने पिता की ओर देखती रही। उसकी देह क्रोध से काँप रही थी और आँखें अंगारों की तरह जल रही थीं। फिर उसने उनकी तरफ़ पीठ की और इससे पहले कि कोई उसका इरादा समझ पाता, उसने हवनकुण्ड की पवित्र अग्नि में कूदकर आत्मदाह कर लिया। सभा में सन्नाटा छा गया। देवता हताशा और आश्चर्य से देखते रह गये—उस जगह की पवित्रता भंग हो गयी थी और यज्ञ को अधूरा छोड़ते हुए, रोक देना पड़ा।

कुछ कथाओं में सती अपने आपको अपने पिता के यज्ञ की बाहरी अग्नि से नहीं, बल्कि उस आन्तरिक अग्नि से जला लेती है, जिसे वह मानसिक एकाग्रता से प्रज्वलित करती है। इस तरह वह अपने पिता के कर्मकाण्ड को नष्ट करने के लिए तप का मार्ग अपनाती है। सती के आत्मदाह ने संसार-त्यागी शिव और सांसारिक दक्ष के बीच एक हिंसक संघर्ष की भूमि तैयार कर दी। शिव को ऐसी अनुभूतियाँ हुईं, जैसी पहले कभी नहीं हुई थीं। हानि, पीड़ा और क्रोध जागृत हुआ। सदियों से उनके शरीर में संजोयी गयी अग्नि भावनाओं के ज्वालामुखी की तरह फट पड़ी और वीरभद्र के रूप में सामने आयी।

दक्ष पर शिव का आक्रमण
(लिंग पुराण)

सती की मृत्यु की सूचना कैलाश पर्वत पर शिव के पास तुरन्त पहुँची। वे स्तब्ध रह गये। अपनी पत्नी की मृत्यु ने उनका दिल तोड़ दिया। उनकी शान्ति भंग हो गयी और वे बहुत क्रोधित हुए।

समय के साथ वीरभद्र युद्ध-देवता बन गया है, जिसे भारत भर के ग्रामीण इलाकों में पूजा जाता है। वह गाँव का, जिसे गाँववाले मातृ-देवी के रूप में देखते हैं, रक्षक माना जाता है।

उनके गुस्से की सीमा न रही और उन्होंने तत्काल कदम उठाया। वे दक्ष के उस अविचारी कार्य के लिए, जिसकी वजह से उनकी पत्नी और दक्ष की अपनी बेटी, सती, की मृत्यु हुई, दक्ष से प्रतिशोध लेने पर कटिबद्ध थे।

आग बबूला होकर शिव ने अपना एक बाल उखाड़ा और उस बाल से एक दानव पैदा किया—वीरभद्र नाम का एक दाँत वाला योद्धा, जिसका एकमात्र उद्देश्य खून बहाना था। वीरभद्र, शिव के गणों, भूत-प्रेतों और कटखने कुत्तों पर सवार पिशाचों के आगे-आगे दौड़ता हुआ दक्ष के घर गया। देवता अब तक वहीं इकट्ठा थे और यज्ञ के अवशेष चारों तरफ बिखरे हुए उसके अचानक और दुर्भाग्यपूर्ण अन्त की मौन गवाही दे रहे थे।

वातावरण मृत्यु के चीत्कार से गूँज उठा, डरे हुए देवता असहाय खड़े देखते रहे और वीरभद्र और शिव के गणों ने भयंकर उपद्रव और रक्तपात शुरू कर दिया। वे दक्ष के यहाँ एकत्र देवताओं पर कूद कर चढ़ गये और उनकी छाती फाड़ कर हृदय चीर निकाले, आँखें नोच लीं। उन्होंने देवताओं का खून पिया और उनकी अंतड़ियों और अंगों से अपने को सजा लिया। यज्ञ की पवित्र स्थली, मार-काट के रक्त-रंजित मैदान में बदल गयी।

फिर वीरभद्र ने अपने निर्धारित लक्ष्य, दक्ष की खोज की। उसने उन्हें वेदी के पीछे छुपे हुए देखा। दक्ष के चेहरे पर स्तब्ध अविश्वास दिखायी दे रहा था। वीरभद्र उनकी ओर लपका और अपने फरसे के एक भरपूर वार से उसने उस महिमावान प्रजापति दक्ष का सिर काट कर उसे वहीं वेदी के पास फेंक दिया, जहाँ वह पड़ा रहा। यज्ञ का विध्वंस करने के बाद वीरभद्र शिव के निवास पर लौट आया।

सती के कारण शिव अपनी आन्तरिक भावनाओं से परिचित हो गये थे। सती के संग शिव ने प्रेम का अनुभव किया था। उनकी अनुपस्थिति में वे पीड़ा का

अनुभव करते थे। उनकी मृत्यु ने शिव को सामाजिक नियमों और बन्धनों की क्रूरता का आभास करा दिया, जो व्यवस्था स्थापित करने के प्रयास में अक्सर भावनाओं को नज़रअन्दाज़ कर देते हैं। उनका प्रबल आक्रोश स्वयं समाज के ताने-बाने को नष्ट कर देने के प्रचण्ड आवेश के रूप में प्रकट हुआ। उनके अनुयायियों—गणों—ने, जहाँ भी वे गये, मार-काट और उपद्रव का दृश्य उपस्थित कर दिया। उन्होंने यज्ञ का विध्वंस कर दिया और इस तरह वैदिक समाज की नींवों तक को हिला दिया।

लेकिन आक्रोश और प्रतिशोध ने, समाज के विनाश ने, पीड़ा को दूर नहीं किया। शिव सती के शव से चिपके हुए तीनों लोकों में पीड़ा से चीखते हुए भटकते रहे। उनके आँसू पवित्र मनकों में बदल गये जिन्हें रुद्राक्ष कहा गया—'रुद्र की, जो शिव हैं, आँखों से निःसृत।' इस तरह ये मनके शिव की प्रतिक्रिया के प्रतीक हैं, जब वे संसार के सम्पर्क में आते हैं।

शिव का शान्त होना

(विष्णु पुराण)

वीरभद्र ने दक्ष को मार दिया था। शिव ने अपना बदला ले लिया था, पर इससे सती दोबारा जीवित नहीं हो पायी थी। दक्ष के यज्ञ का विध्वंस करने के बाद और उस पवित्र स्थल पर मृत्यु और विनाश की लीला करने के बाद, शिव ने सती के झुलसे हुए शव के अवशेष को उठाया और वेदना से चीखते हुए दुनिया भर में भटकने लगे।

संसार एक दुख-भरी, असहनीय जगह बन चुका था, जहाँ पीड़ा और तकलीफ़ के सिवाय और कुछ नहीं था। शिव सांत्वना से परे थे, और अपनी पत्नी के शोक में पूरी तरह डूबे हुए थे।

विष्णु चौंक उठे। उन्हें ब्रह्माण्ड के कल्याण की चिन्ता सताने लगी। शिव को उनके शोक से बाहर निकालना ज़रूरी था। तब विष्णु ने अपना सुदर्शन चक्र उठाया जो सारी नकारात्मकता नष्ट कर देता है और उसे हवा में छोड़ दिया। उस चक्र ने सती के शव को 108 टुकड़ों में विभाजित कर दिया। सती के भौतिक शरीर का कोई अस्तित्व न रहा। सती की देह के खण्डित होकर विलीन हो जाने के बाद शिव फिर से चैतन्य हो गये। उन्होंने देवताओं को फिर से जीवित कर दिया और दक्ष के कटे हुए सिर पर बकरे का सिर लगाकर उनमें प्राणों का संचार कर दिया।

दक्ष ने अपना यज्ञ सम्पन्न किया और देवताओं को शक्ति प्रदान की जिससे जीवनचक्र एक बार फिर गतिशील हो सके। इस बार कर्मकाण्ड के अन्त में शिव को भी आहुति अर्पित की गयी। शिव ने अपने कुत्तों को उसे खाने की छूट दे दी। वे बस संसार से विमुख होकर एक गुफ़ा में जा बैठे और आँखें बन्द करके अपने अन्दर की दुनिया में लीन हो गये जहाँ उन्होंने तप की अग्नि फिर से प्रज्वलित की और बाहरी जगत से अपने सम्बन्धों को तोड़ लिया।

विष्णु ईश्वर का वह पक्ष हैं जो प्रकृति और संस्कृति में व्यवस्था बनाये रखता है। जहाँ वे सभ्यता के स्वभाव के खिलाफ़ शिव के आक्रोश को समझ सकते थे, वहीं वे शिव को समाज का उन्मूलन करने नहीं दे सकते थे। सती के शव को नष्ट करके वे शिव को पीड़ा के स्रोत से विलग करने में सफल हो गये। सती के जाने के बाद, शिव भी अपने दुख और क्षति के एहसास पर काबू पा सके। उन्होंने अपने आक्रोश को भी त्याग दिया। उन्होंने दक्ष के सिर पर बकरे का सिर लगाकर पुनर्जीवित कर दिया और उन्हें पहले की तरह वैदिक

सभ्यता के कुलाधिपति के रूप में काम करते रहने दिया।

लेकिन शिव बाहरी ही बने रहे। उन्होंने उन आवेगों से मुक्ति की खोज में अपने को संसार से विलग कर लिया, जो पीड़ा और दुख पैदा करते हैं। कैलाश पर्वत के ऊपर शान्ति से बैठकर उन्होंने आँखें बन्द कर लीं, अपनी समस्त भावनाओं को अन्दर की ओर खींच लिया, तप की अग्नि को पुनर्प्रज्वलित किया और अपने लिंग को आत्म-सन्तुष्टि में डोलने दिया।

आत्म-तुष्टि बाहरी जगत की ज़रूरत को निरर्थक कर देती है। शिव का तप रस के प्रवाह को अन्दर की ओर उन्मुख करता है, जब तक कि संसार के चक्र को गतिशील रखने के लिए कुछ बचा नहीं रहता। नतीजा होता है, जड़ता, ताप-अनुताप का विलीन हो जाना, संसार का अन्त। इसीलिए शिव संहार-मूर्ति हैं, संहारक हैं।

'विनाश' शब्द में एक नकारात्मक भाव और अभिप्राय भी निहित है। लेकिन शिव का विनाश शान्ति लाता है। वह सत-चित्त-आनन्द की, प्रशान्ति और स्थिरता की अवस्था की ओर ले जाता है जब मस्तिष्क सभी भ्रमों से रहित होकर सत्य का दर्शन कर पाता है। यह देवत्व की, ईश्वरत्व की अवस्था है। वास्तव में, शिव उस भ्रम-जाल के पूरे साँचे को विखण्डित कर देते हैं जो जीव के मन-मस्तिष्क को लुभाकर लालसाओं और दुखों की ओर ले जाता है और उसे क्रिया-प्रतिक्रिया के लिए विवश करता है। शिव सभी जीवों को कर्म के बन्धनों से मुक्ति दिलाते हैं।

तप कर्मो को नष्ट करता है। वह रस के प्रवाह को बाधित करता है। कर्म और रस के बिना संसार का अस्तित्व नहीं रहता। संसार के बिना—उसकी हलचल और सीमाओं के बिना—ब्रह्मन की शान्ति और असीमता का कोई अर्थ नहीं रह जाता। जैसे प्रकाश को तब तक परिभाषित नहीं किया जा सकता जब तक कि उसे अन्धकार के विपरीत रखा न जाये; जैसे घर के अन्दर के भाग को तब तक नहीं वर्णित किया जा सकता जब तक कि घर के बाहरी भाग से उसकी तुलना न की जाये; उसी तरह आत्मा के विचार को तब तक नहीं परिभाषित किया जा सकता जब तक कि उसे पदार्थ के समक्ष न रखा जाये। जब तक दर्शन न हो, किसी दर्शक का अस्तित्व सम्भव नहीं है, चाहे

उसने आँखें बन्द कर रखी हों। इसी तरह, ईश्वर के विचार को भी एकसमान, लेकिन विपरीत अस्तित्व की—देवी की—ज़रूरत होती है।

देवी संसार का साकार रूप है। प्रतिरूप है। वह रस है। वह प्रवाहित होती है। ईश्वर ब्रह्मन है। वह अग्नि है—बाहर यज्ञ की और अन्दर तपस्या की अग्नि। वह प्रज्वलित होता है। ईश्वर जीवन का दर्शक है, जबकि देवी वह दर्शन है, दृश्य है, जो जीवन है। शिव अपनी आँखें देवी की ओर से बन्द कर लेते हैं, क्योंकि देवी के कर्म शिव के हृदय में भावावेग पैदा करते हैं और उनके मन-मस्तिष्क की शान्ति भंग कर देते हैं। लेकिन दूसरी ओर, ब्रह्मा देवी का पीछा करते हैं और ऐसा करते हुए वे संसार की सृष्टि करते हैं। यह कृत्य शिव को ब्रह्मा के विरुद्ध सीधे संघर्ष की दिशा में ले जाता है।

ब्रह्मा का जन्म और शिरोच्छेदन
(ब्रह्माण्ड पुराण)

अनादि काल में, क्षीर सागर पर, काल-सर्प की कुण्डलियों के अन्दर, विष्णु अपनी स्वप्नरहित नींद में हिले। उनकी नाभि से एक कमल उगा जिस पर ब्रह्मा बैठे थे। ब्रह्मा ने अपनी आँखें खोलीं और पाया कि वे अकेले हैं।

एकाकी, भ्रमित और भयभीत, वे सोच में पड़ गये कि वे कौन हैं और उनका अस्तित्व किसलिए है। उत्तरों की खोज में उन्होंने संसार की सृष्टि करनी शुरू कर दी। अपने मस्तिष्क से उन्होंने चार मानस-पुत्र—सनत कुमार—पैदा किये। वे महज़ लड़के थे। उन्होंने प्रजनन करके संसार की जनसंख्या बढ़ाने में अनिच्छा प्रकट की और भाग गये।

तब ब्रह्मा ने बेटों का एक और समूह—दस प्रजापतियों—को पैदा किया। ये प्रजनन करके संसार की जनसंख्या बढ़ाने के लिए तैयार थे, पर उन्हें यह मालूम नहीं था कि जनसंख्या कैसे बढ़ायें। तब ब्रह्मा ने अपने को दो हिस्सों में बाँट दिया। उनके बायें आधे हिस्से से एक नारी निकली जिसे उषस कहा गया। जैसे ही उषस

ब्रह्मा के सामने प्रकट हुई, ब्रह्मा को एक ऐसी ऐन्द्रिक काम-भावना की अनुभूति हुई, जिसे पूरा करना ज़रूरी था। लालसा से विवश होकर ब्रह्मा अपनी पुत्री की तरफ़ लपके ताकि उसके साथ सम्भोग कर सकें। उषस अपने पिता की इस असामान्य कौटुम्बिक व्यभिचारी दृष्टि देखकर उनसे दूर भागी। भागते-भागते उसने विभिन्न जीवों—गाय, घोड़ी, हंसिनी और हिरनी—का रूप लिया। ब्रह्मा भी उसी के अनुरूप नर-जीवों—बैल, घोड़ा, हंस और हिरन—का रूप धरते हुए उसका पीछा करते रहे।

ब्रह्मा के बेटों को यह बोध हुआ कि उनके पिता ऐसा काम कर रहे थे, जो उन्हें नहीं करना चाहिए। उन्होंने अरुचि और घृणा से चीत्कार किया। उनके चीत्कार से रुद्र प्रकट हुए, जो क्रन्दन करते हैं और भयंकर धनुर्धारी हैं। उन्होंने एक बाण से पिता को आकाश से कील दिया।

हिन्दू दर्शन का एक मार्गदर्शक सिद्धान्त है कि जब तक किसी चीज़ का बोध और निरीक्षण एक चेतना-सम्पन्न प्राणी द्वारा न किया जाये, उसका कोई अस्तित्व नहीं होता : दर्शक के बिना कोई दृश्य नहीं होता। यह सिद्धान्त 'बोध' या 'चेतना' को हिन्दू दर्शन का केन्द्रीय तत्व बना देता है। इस तरह, ईश्वर शिव के रूप में अपनी आँखें बन्द करके संसार को विनष्ट कर देते हैं और ईश्वर ही अपनी आँखें खोलकर संसार की सृष्टि करते हैं।

अनादि, यानी 'आरम्भ से पहले।' के काल में एक चैतन्य प्राणी अवश्य है—विष्णु। लेकिन वे स्वप्नरहित निद्रा में लीन हैं—खुद अपने और अपने चारों ओर के परिवेश से अनभिज्ञ। यह अनभिज्ञता हिन्दू विश्व-दृष्टि में 'अनस्तित्व' है, अप्रासंगिकता का काल, ऐसा समय जिसे प्रलय या विघटन कहते हैं, जब दर्शक और दृश्य, दोनों निराकार हैं, जैसे प्रशान्त 'क्षीर सागर।' कुल मिलाकर जो रहता है, वह शायद समय या काल है, जिसका प्रतीक-रूप है कुण्डली मारता और खोलता सर्प। यह सर्प जो आदि-शेष कहलाता है, आदिम शेष यानी आरम्भ से पहले का बचा-खुचा, अवशिष्ट है, या अनन्त-शेष है यानी

अन्तहीन बचा-खुचा अवशिष्ट, जो नाम इस विचार की तरफ़ ध्यान दिलाता है कि काल दोनों स्थितियों में विद्यमान रहता है—संसार के खत्म हो जाने के बाद भी और संसार के फिर से शुरू होने से पहले भी।

विष्णु का जागना, कमल का खिलना, ब्रह्मा का जन्म, उनके चार पुत्रों का पहला समूह और उनके दस पुत्रों का दूसरा समूह, चेतना के स्पन्दित होने और मन-मस्तिष्क के विकसित होने के प्रतीक हैं। मन-मस्तिष्क इसलिए विकसित होते हैं, क्योंकि ब्रह्मा अपनी सच्ची प्रकृति और पहचान को समझने, उसका बोध करने की कोशिश करते हैं। यदि ब्रह्मा का कोई प्रश्न नहीं होता, अगर ब्रह्मा खुद को 'पूर्ण' महसूस करते, अगर वे पूरी तरह आत्म-लीन और सन्तुष्ट होते तो वे कभी उत्तरों को 'देखने-निरखने' की कोशिश न करते : दर्शक यानी 'देखने वाले' के पास कोई दृश्य, कोई पर्यवेक्षण, कुछ 'देखा गया,' न होता और जीवन की 'सृष्टि' कभी न होती।

यह बात कि पहले चार मानस-पुत्र 'प्राचीन' कहे जाने के बावजूद, अवयस्क लड़कों के रूप में कल्पित होते हैं, संकेत देती है कि वे आदिम मन-मस्तिष्क के चार पक्ष हैं, चार पहलू हैं—विवेकशील बुद्धि और अनुभवों, इच्छाओं और ज्ञान के तीन पात्र। यह स्थिति उस समय की है, जब किसी ऐन्द्रिक उत्तेजना से मन-मस्तिष्क का सामना नहीं हुआ होता। उनमें यौन-वयस्कता का अभाव यह संकेत देता है कि उन्हें बाहरी उत्तेजना का न तो कोई बोध है, न इच्छा। वे सत्-चित्त-आनन्द की अवस्था में हैं और उनमें इस आदिम शुद्धता को भंग करने की कोई कामना नहीं है। इसीलिए वे जन्म के कुछ ही समय बाद गायब हो जाते हैं।

ब्रह्मा के अगले दस मानस-पुत्र पाँच ज्ञानेन्द्रियाँ (आँख, नाक, कान, जीभ और त्वचा) और पाँच कर्मेन्द्रियाँ (मुख, हाथ, टाँगें, गुदा और प्रजननांग) हैं। वे मन-मस्तिष्क को बाहरी दुनिया से जोड़ते हैं। लेकिन उन इन्द्रियों का होना, जो संवेदित हो सकें और क्रिया-प्रतिक्रिया कर सकें, उत्तेजना के किसी स्रोत और क्रिया-प्रतिक्रिया के किसी लक्ष्य के बिना, बेकार है।

सृष्टि की हिन्दू पुराकथा में, इस बिन्दु तक सभी चरित्र पुरुष हैं। फिर आती है लड़की। उसके नाम उषस का मतलब है 'भोर,' क्योंकि

उसका आना जीवन की भोर को, जीवन की शुरुआत को, चिह्नित करता है। जीवन तभी अस्तित्व ग्रहण करता है, जब पदार्थ मन-मस्तिष्क को उत्तेजित-प्रेरित करता है। हिन्दू प्रतीक-योजना में पुरुष रूपों को जीवन की अमूर्त आन्तरिक वास्तविकताओं को चित्रित करने के लिए इस्तेमाल किया गया है, जबकि स्त्री रूपों को जीवन की मूर्त, बाहरी सच्चाइयों के चित्रण के लिए।

संसार की सृष्टि नारायण से जन्मे ब्रह्मा ने की है। यह उस हिन्दू विश्वास की एक चाक्षुष (चित्रात्मक) और वर्णित (कथात्मक) अभिव्यक्ति है कि संसार चेतना की सृष्टि है। नारायण सोयी हुई चेतना के प्रतीक हैं। ब्रह्मा उस चेतना के, जो जागृत हो गयी है।

ब्रह्मा जब बाहरी दुनिया को स्वीकार करते हैं, तभी वे अपनी आन्तरिक दुनिया की खोजबीन करने की यात्रा शुरू करते हैं। वह, यानी स्त्री, पदार्थ का साकार रूप, अनात्म है, जिसके बिना ब्रह्मा का अपना स्वरूप परिभाषित या अलग पहचाना नहीं जा सकता। इस तरह, वह ब्रह्मा की दुनिया का साकार रूप है, ब्रह्माण्ड है। वह लक्ष्य है, विषय है, ब्रह्मा विषयी हैं, कर्ता हैं। वह दृश्य है, ब्रह्मा द्रष्टा हैं। वह उत्तेजना का स्रोत, क्रिया-प्रतिक्रिया का उद्देश्य या लक्ष्य, अनुभवों, इच्छाओं-कामनाओं और ज्ञान का स्रोत है। वह देवी है।

देवी ब्रह्मा की 'पुत्री' है, क्योंकि भौतिक संसार का अस्तित्व एक ऐसे चेतना-सम्पन्न प्राणी के अस्तित्व का पूर्वानुमान करता है, जिसे भौतिक जगत का बोध हो। उषस—दृश्य—के अस्तित्व में आने से पहले दर्शक—ब्रह्मा—का अस्तित्व में आना अनिवार्य है। यह ब्रह्मा की अन्त:प्रेरणा है जो उषस की खोज, अर्थात् सृष्टि की तरफ़ ले जाती है। उषस से अपेक्षा है कि उसे ब्रह्मा के उन प्रश्नों का उत्तर देना है, जो उनके अन्दर अपने बारे में उठे हैं। लेकिन इस बिन्दु पर कुछ और ही घटित होता है।

विष्णु का जागना इस बात से पूर्व-निश्चित होता है कि वे सचमुच निद्रा में लीन हो गये थे। इसके बाद जो होता है—उनकी नाभि से कमल का उगना, ब्रह्मा का जन्म, उनका आदिम प्रश्न। उनके पुत्रों और पुत्री की सृष्टि—पूर्व-निश्चित और संयोजित लगती है : उसमें सहजता और स्वत:स्फूर्तता का अभाव है। यह सब उस क्षण बदल जाता है, जब उषस प्रकट होती है। ब्रह्मा की प्रतिक्रिया सहज और स्वत:स्फूर्त नहीं है। वह एक चुनाव है। उषस की सृष्टि ब्रह्मा द्वारा अपने को जानने की इच्छ से हुई थी। उस पर अधिकार पाने की कामना करके वे अपनी आदिम खोज को त्याग देते हैं। उनका ध्यान आन्तरिक संसार की खोज से हटकर बाहरी दुनिया पर विजय प्राप्त करने की ओर चला जाता है। ब्रह्मा जो प्रतिक्रिया चुनते हैं, वह घृणा पैदा करती है। वह व्यभिचार है, 'अगम्यागमन' है। अपनी पुत्री से 'सीखने' की बजाय वे उससे 'सम्भोग' की कामना करते हैं। प्राचीन मनीषियों ने इस तरह आध्यात्मिक अनाचार को एक सामाजिक निर्णय से सम्बद्ध कर दिया।

वास्तविकता के दो पक्ष

	आन्तरिक देवत्व	बाहरी देवत्व
अर्थ	चेतना	अभिव्यक्ति
पुराकथात्मक लिंग	नर	नारी
तान्त्रिक शब्दावली	पुरुष	प्रकृति
वैदिक शब्दावली	आत्मा	माया
प्रकृति	आध्यात्मिक	भौतिक
अवस्था	स्थिर	सदा परिवर्तनशील
रूप	आत्मा	पदार्थ
आध्यात्मिक विशेषता	विषयी	लक्ष्य
आध्यात्मिक भूमिका	दर्शक	दृश्य

उषस के रूपान्तरण सहज और स्वतःस्फूर्त नहीं हैं। वे ब्रह्मा की 'अनाचारी दृष्टि' से उद्भूत हैं। इस तरह, संसार के रूपान्तरण दर्शक के निरीक्षणों से निर्धारित होते हैं। चूँकि कर्म के नियम का विधान है कि हर क्रिया की एक प्रतिक्रिया होती है, ब्रह्मा की इच्छा से पदार्थ में हुआ पहला रूपान्तरण बाद के रूपान्तरणों की ओर ले जाता है। भागती हुई उषस गाय, घोड़ी, हंसिनी और हिरनी का रूप धारण करती है। अपने रूपान्तरणों के कारण वह शतरूपा—अनन्त रूपों वाली—के नाम से जानी जाती है।

आदिम जीव को अपनी पुत्री से सीखने की बजाय उस पर अधिकार पाने

की कोशिश में अपने को खोते हुए देखकर ब्रह्मा के पुत्र आतंकित रह जाते हैं। उन्हें बोध हो जाता है कि ब्रह्मा के कृत्य से चित्त प्रदूषित, सत की दृष्टि विकृत हो जायेगी और आनन्द छिन जायेगा। वे मानसिक परिवर्तनों से बचाव के लिए मदद की गुहार लगाते हैं। शिव धनुर्धर पिनाकी के रूप में प्रकट होते हैं। वे बाण मार कर ब्रह्मा को दिव्य लोक से कीलित कर देते हैं, जैसे एक बार उन्होंने तीनों पुरों को नष्ट करने के लिए बाण मारा था।

हिरन व्याकुल मन-मस्तिष्क का प्रतीक है। कला के क्षेत्र में शिव को अपने हाथ में हिरन लिये चित्रित किया गया है। वे उसे शान्त करते हैं। जो धनुष इस काम के लिए इस्तेमाल किया जाता है वह तपस्या का प्रतीक है। आने वाली सदियों में तपस्या योग के रूप में लोकप्रिय हुई। योग शब्द का मूल संस्कृत की क्रिया 'युज' में है, जिसका मतलब होता है, 'जुए में बाँधना, जोड़ना।' योग का सारा सम्बन्ध मन-मस्तिष्क को बाँधने से है ताकि वह संसार से अप्रभावित, दृढ़ता से खड़ा रहे। शिव ने अपनी चेतना को शुद्ध करके, सभी भ्रमों को भंग करके और अपने मन-मस्तिष्क को अपने (और ब्रह्मा के) वीर्य से जोड़ लिया है। शिव इसीलिए योगेश्वर कहलाते हैं, योग के स्वामी।

अपनी पुत्री का पीछा करने में ब्रह्मा उसकी सृष्टि करने के अपने मूल उद्देश्य को भूल जाते हैं। अपनी पहचान और अपने असली स्वरूप पर विचार करने के लिए उसे एक माध्यम की तरह इस्तेमाल करने की जगह, वे उषस द्वारा भागने और बचने के लिए अपनाये गये हर मादा रूप का पूरक नर रूप लेते हुए नयी और झूठी पहचानें अपनाने लगते हैं। ये मानसिक रूपान्तरण और संशोधन हैं—धीरे-धीरे स्मृतियों, कामनाओं और ज्ञान की उपलब्धि और अन्तत: अहं की, जो सब-के-सब ब्रह्मा को विष्णु से दूर ले जाते हैं। आगे दी गयी कथा में पदार्थ का नृत्य मन-मस्तिष्क को इस तरह मोहित और प्रभावित करता है कि ब्रह्मा का एक सिर पहले चार, फिर पाँच सिरों में बदल जाता है, लेकिन इनमें से एक भी नीचे लेटे विष्णु—अन्तरात्मा, वैदिक आत्मा, तान्त्रिक पुरुष—की ओर नहीं देखता।

ब्रह्मा का पाँचवाँ सिर
(शिव पुराण, नारद पुराण)

अपनी पुत्री के लिए ब्रह्मा की कामना इतनी प्रबल थी कि जब वह उनसे बचने के लिए उनकी परिक्रमा करने लगी तो उन्होंने चार प्रमुख दिशाओं की ओर उन्मुख चार सिर उगा लिये, ताकि वे उसे हर समय देखते रह सकें। जब वह आकाश की ओर उड़ी तो ब्रह्मा के चार सिरों के ऊपर पाँचवाँ सिर भी निकल आया। निरंकुश आवेग के इस प्रदर्शन से प्रजापति के बच्चों को बड़ी अरुचि और घृणा हुई। वे चिल्ला उठे। जवाब में शिव ने भैरव नामक भयंकर जीव का रूप लिया, जिसने ब्रह्मा के पाँचवें सिर को उखाड़ लिया। इस तरह, होश में लाये जाने के बाद ब्रह्मा ने चारों वेदों का गायन शुरू किया। बचे हुए चार सिरों में से हर सिर से एक वेद निकला।

पुरुष और स्त्री के बीच सम्बन्ध कामना है, जैसे अन्तरात्मा और बाहरी अनात्मा का सम्बन्ध। इससे जीवन सभी चेतन प्राणियों के भीतर मौजूद देवत्व या दिव्यता, यानी ब्रह्मा, और बाहर मौजूद दिव्यता, यानी उषस, के बीच का प्रसंग बन जाता है। उषस शतरूपा है, क्योंकि वह असंख्य रूपों में प्रकट होती है। आदर्श रूप में उसे विद्या होना चाहिए था, ज्ञान की देवी, जो ब्रह्मा को आत्म-ज्ञान में मदद दे। इसके विपरीत, संसार के रूपान्तरणों में ठहरकर, वह इस बात का बोध नहीं कर पाती कि उसका हर रूप केवल उसके अपने अनुभवों और अपेक्षाओं का प्रक्षेपण है और भ्रान्ति की देवी, माया बन जाती है। पुत्री की सृष्टि करने वाला पिता अन्त में पुत्री के हाथों नियन्त्रित और विकृत हो जाता है। उसके तीन और सिर उग आते हैं। और फिर अन्तत: पाँचवाँ सिर—अहं।

पाँचवाँ सिर बाकी चार सिरों के ऊपर टिका रहता है। ऊपर की ओर सिर के उन्मुख होने में अज्ञान से उद्भूत अहंकार निहित है। ठीक जैसे सिर का नीचे की ओर उन्मुख होना ज्ञान से उद्भूत विनम्रता का द्योतक है। पाँचवाँ सिर आकाश की ओर देखता है, विष्णु से विमुख। वह ब्रह्मा को अस्तित्व के लक्ष्य अर्थात् आत्म-ज्ञान से दूर ले जाता है।

आध्यात्मिक अवधारणाओं के प्रतीकात्मक प्रतिरूप

आध्यात्मिक अवधारणाएँ	पुराकथा के चरित्र	लिंग
अप्रकट चेतना (आत्मा)	विष्णु	पुरुष
मस्तिष्क द्वारा वस्तुओं को पहचानने और उनमें भेद करने की क्षमता	ब्रह्मा	पुरुष
मस्तिष्क के अंग : बुद्धि, और अनुभव, इच्छा और ज्ञान के पात्र	चार सनत कुमार	पुरुष
मस्तिष्क के आन्तरिक और बाहरी प्रवाह-पथ : पाँच ज्ञानेन्द्रियाँ और पाँच कर्मेन्द्रियाँ	दस प्रजापति	पुरुष
ब्रह्मा का पाँचवाँ सिर	अहं	पुरुष
उत्तेजना का स्रोत और लक्ष्य, भौतिक जगत, बाहरी साँचा	उषस	स्त्री

कथा यह स्पष्ट कर देती है कि अहं का कोई स्वतन्त्र अस्तित्व नहीं होता, जैसा कि विष्णु का होता है। उसे अपनी सृष्टि के लिए 'पुत्री' की ज़रूरत पड़ती है। अहं अपने अस्तित्व को वैध और उचित ठहराता है भौतिक जगत के नियन्त्रण से और उसके स्वीकार से। जब इनमें से कुछ भी प्राप्त नहीं होता तब दुख और पीड़ा उपजती है।

लालसाओं और कुण्ठाओं का एक चक्र अस्तित्व ग्रहण करता है। इस अन्तहीन, अर्थहीन चक्र से मुक्ति तभी सम्भव है, जब झूठी पहचान, अहं, पूरी तरह नष्ट हो जाये। शिव यही काम भैरव के रूप में करते हैं।

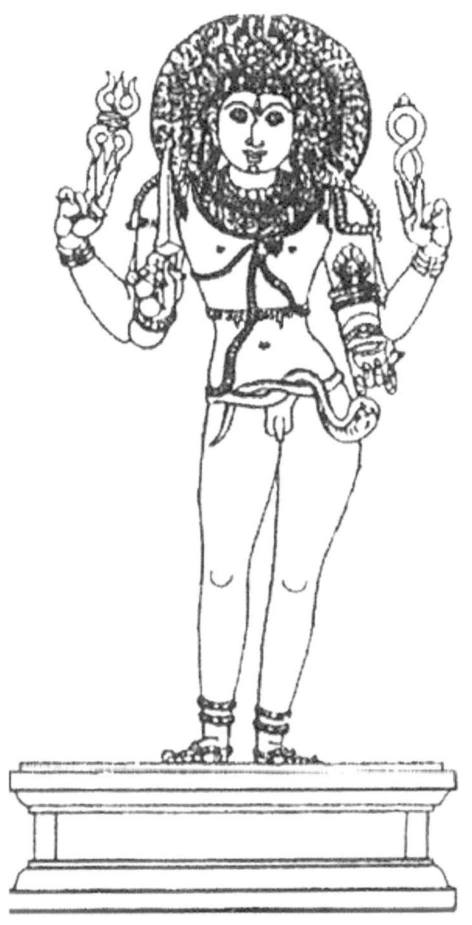

ब्रह्मा के कपालधारी कापालिक के रूप में शिव का दक्षिण
भारतीय चित्र। भौतिक जगत के प्रति ब्रह्मा की आसक्ति ने
दुनिया को आवेगों और कामनाओं और व्याकुलता से भर दिया
जिसने शिव को क्रुद्ध कर दिया जिन्हें शान्ति और स्थिरता की
लालसा थी।

भैरव का मतलब है—'वह जो भय उपजाता है।' भैरव जीवन के आतंक का प्रतीक हैं, उस अन्तहीन चिन्ता और अनिश्चय का, जो अस्तित्व के लिए खतरा पैदा करते हैं जब मस्तिष्क पर अहं हावी हो जाता है। इस रूप में शिव ब्रह्मा के पाँचवें सिर को काट कर 'कापालिक' बनते हैं—कपाल लेकर चलने वाले। शिव इस कपाल को सत-चित्त-आनन्द का अमृत पीने के लिए इस्तेमाल करते हैं।

कई कथाओं में अग्नि का स्तम्भ शिव से नहीं निकल कर सामने आता, बल्कि शिव अग्नि के स्तम्भ से बाहर आते हैं।

अग्नि का स्तम्भ
(शिव पुराण)

चेतन प्राणियों के पिता, ब्रह्मा और ब्रह्माण्ड में व्यवस्था बनाये रखने वाले विष्णु, दोनों, संसार के स्रष्टा होने का दावा कर रहे थे। अचानक उनके सामने अग्नि का एक स्तम्भ प्रकट हुआ। ऐसा लगता था कि उस स्तम्भ का न तो कोई शिखर था, न आधार। ब्रह्मा ने हंस का रूप धारण किया और ऊपर आकाश की तरफ़ उड़ान भरी, लेकिन वे स्तम्भ का शिखर नहीं खोज पाये। विष्णु ने वराह का रूप धर कर पृथ्वी को खोद डाला, लेकिन उन्हें उस अग्नि-स्तम्भ का कोई आधार नहीं मिला। स्तम्भ का न तो कोई शिखर था, न आधार; न आरम्भ, न अन्त; न स्रोत, न लक्ष्य। वह स्वयंभू, आत्म-निर्भर और आत्म-लीन जान पड़ता था। ब्रह्मा और विष्णु इस निष्कर्ष पर पहुँचे कि वह अग्नि-स्तम्भ सभी देवताओं को मिलाकर उन दोनों से बड़ा था। वह एक और भी बड़े देवता—महा-देव—का प्रतीक था। वह देवत्व का चरम रूप था। इस अग्नि-स्तम्भ से शिव प्रकट हुए। ब्रह्मा और विष्णु, दोनों ने शिव का अभिवादन किया और उनकी स्तुतियाँ गायीं।

यह कथा शिव को न सिर्फ़ सर्वोच्च तपस्वी के रूप में कल्पित करती है,

बल्कि तप के साकार रूप और सत-चित्त-आनन्द के अन्तिम लक्ष्य के रूप में भी। शिव केवल अग्नि-मन्थक नहीं हैं। वे स्वयं अग्नि हैं। वे केवल ईश्वर-अन्वेषी नहीं हैं, वे ईश्वर हैं।

रूपक के परे एक साफ़ साम्प्रदायिक झुकाव है। जैसे-जैसे प्राचीन हिन्दुत्व, जो किसी हद तक संशयवादी, अनीश्वरवादी और कर्मकाण्डी था, रूपान्तरित हुआ और पहले से अधिक आस्तिक और ईश्वरवादी हुआ, ईश्वर की कल्पना तीन रूपों में की जाने लगी—ब्रह्मा, विष्णु और शिव। पुरोहित जैसे ब्रह्मा का सम्बन्ध यज्ञ जैसे यान्त्रिक कर्मकाण्डों द्वारा ईश्वर-प्राप्ति से स्थापित हुआ। राजा सरीखे विष्णु उस ईश्वर का रूप थे, जिसे भक्ति और पूजा जैसे भावना-सम्पन्न कर्मकाण्ड द्वारा प्राप्त किया जा सकता था। संन्यासी जैसे शिव वह ईश्वर थे जिसे तपस्या जैसी बौद्धिक साधना से सिद्ध किया जाना था। ये तीन रूप हिन्दुत्व की तीन धाराएँ बन गये।

ईश्वर के इन तीन रूपों के अनुयायियों के बीच कड़ा संघर्ष रहा और एक रूप को दूसरे रूप से ऊँचा और सच्चा ठहराने के लिए अक्सर कथाओं का सहारा लिया गया। कुछ के लिए जीवन के प्रश्नों के उत्तर कर्मकाण्डों में निहित थे। दूसरों के लिए वे मन्दिरों में पूजा-अर्चना द्वारा प्राप्त किये जाने थे। और फिर वे लोग भी थे जिनके अनुसार सारे उत्तर मनन-चिन्तन और ध्यान-तपस्या में निहित थे।

भले ही गार्ग अलग थे, पर इन सभी मार्गों का लक्ष्य एक ही था—ईश्वर-प्राप्ति। क्योंकि ईश्वर के माध्यम से, ईश्वर में ही मनुष्य को शान्ति की वह निरन्तर अप्राप्य, छलनामयी अवस्था प्राप्त हो सकती थी।

2. शिव का लुभाया जाना

तपस्वी अन्तत: देवी से विवाह कर लेता है और संसार
में संलग्न होता है

शुक्राचार्य—शुक्र ग्रह के स्वामी—अन्तर्बोध, ऐन्द्रिकता और रचनात्मकता से जुड़े हैं। उन्हें कवि कहा जाता है। वे असुरों के गुरु हैं और उनकी सिर्फ़ एक आँख है, बृहस्पति के विपरीत, जो बृहस्पति ग्रह के स्वामी और देवताओं के गुरु हैं। शुक्र इस तरह सहज-ज्ञान और संवेदना के प्रतीक हैं जिसमें बुद्धि और विवेकशीलता का अभाव है, जिसके प्रतीक बृहस्पति हैं। शुक्र संजीवनी विद्या—पुनर्जीवन के विज्ञान—के रक्षक हैं। वे भूमिगत असुरों को नये सिरे से जीवित कर सकते हैं, जब देवता उन्हें .फसल काटने के दौरान काट देते हैं।

शिव का लुभाया जाना

संसार का अस्तित्व है, क्योंकि चेतन प्राणियों को उसका बोध होता है, वे उसे देखते हैं और उसके साथ क्रिया-प्रतिक्रिया करते हैं। हर क्रिया-प्रतिक्रिया में रस की खपत होती है, रस खर्च होता है। हर बार रस खर्च होता है, वह प्रवाहित होता है। रस के प्रवाह के साथ संसार खिलता है और अस्तित्व का पहिया घूमता है।

शिव क्रिया-प्रतिक्रिया नहीं करते। वे रस खर्च नहीं करते। वे उसे संचित करके रोके रखते हैं। वे अपनी आँखें बन्द कर लेते हैं, इन्द्रियों को नियन्त्रण में रखते हैं और संसार को देखने से इनकार कर देते हैं। उनके इर्द-गिर्द की दुनिया अपना अस्तित्व खो बैठती है। पुष्पित-पल्लवित होने की सारी प्रक्रिया रुक जाती है। इसीलिए शिव का निवास हिम-मण्डित पर्वत है। ठण्डा, निष्प्राण।

जहाँ शिव तप की आन्तरिक अग्नि का मन्थन करते हैं, देवता यज्ञ की बाहरी अग्नि की ओर उन्मुख होते हैं, जो उन्हें असुरों के खिलाफ़ उनके युद्ध में शक्ति प्रदान करती है। उनके हर बार जीतने पर रस पृथ्वी के हर छिद्र से प्रवाहित होता है : नदियाँ बहने लगती हैं, पौधे पुष्पित होने लगते हैं, चट्टानें पिघल कर धातुओं को मुक्त करने लगती हैं, और पर्वत फट कर रत्न प्रदान करते हैं। पृथ्वी दानशील और विपुल बन कर अपनी सारी समृद्धि दुनिया के सामने प्रदर्शित करती है।

लेकिन जहाँ देवता पृथ्वी की समृद्धि को मुक्त करके वितरित कर सकते थे, उनके पास उसके खर्च हो जाने के बाद उसे फिर से उत्पन्न करने की शक्ति नहीं थी। यह शक्ति असुरों के पास ही थी। असुरों को वह विधि मालूम थी जिससे मृतकों को फिर से जीवित किया जा सकता था। वे पृथ्वी को फिर से

नया जीवन प्रदान करके उसकी उर्वरता उसे वापस दिला सकते थे। वे धरती के नीचे मौजूद पानी और खनिजों के भण्डारों को फिर से परिपूर्ण कर सकते थे। इसका श्रेय असुरों के गुरु शुक्राचार्य को जाता था, जिनके पास फिर से नया करने की संजीवनी नामक विद्या थी। शुक्राचार्य ने यह संजीवनी विद्या स्वयं शिव से प्राप्त की थी।

<h2 style="text-align:center">पुनर्जन्म का रहस्य</h2>
(महाभारत)

देवता शक्ति प्राप्त करने के लिए यज्ञ करते रहे। यज्ञों के दौरान गाये गये मन्त्र उन्हें शक्ति प्रदान करते। इस तरह दोबारा शक्ति-सम्पन्न होकर देवता असुरों का संहार करने और हर युद्ध जीतने में सफल होते।

यज्ञ हमेशा देवताओं के हित-साधन के लिए किये जाते। असुरों को शक्तिशाली बनाने के लिए कोई यज्ञ नहीं करता था। इसलिए शक्ति का पलड़ा हमेशा देवताओं की ओर झुका रहता था और असुर देवताओं को परास्त करने के किसी उपाय की खोज में रहते थे। अन्त में, असुरों के गुरु—काव्य-उषनस—ने तपस्या करने की ठानी। तप की आन्तरिक अग्नि को प्रज्वलित करके वे आशा करते थे कि उस बाहरी अग्नि को जीत सकेंगे जो देवताओं के पक्ष में काम करती थी। अपने उद्देश्य को प्राप्त करने के लिए काव्य-उषनस ने कड़ी तपस्या की। वे धधकती हुई आग के ऊपर पेड़ की डाल से उलटे लटके रहे और एक हज़ार वर्षों तक सांस में सिर्फ़ धुआँ ही लेते रहे। जब यह तपस्या अपने चरम पर पहुँची तब काव्य-उषनस के सामने शिव प्रकट हुए। शिव ने अपना मुँह खोला और काव्य-उषनस को निगल कर अपने शरीर में बन्दी बना लिया। काव्य-उषनस ने बाहर निकलने की लाख कोशिश की लेकिन शिव ने अपने शरीर के सारे छिद्रों को बन्द कर रखा था, सिवाय खलिंग-मार्ग के। इस छिद्र से बाहर निकलते

हुए काव्य-उषनस को पुनर्नवीनीकरण, पुनर्जन्म और प्रजनन के बारे में सारा ज्ञान प्राप्त हो गया।

शिव के शरीर से काव्य-उषनस की यात्रा ने उसे तप और रस की परस्पर निर्भरता की जानकारी करा दी। ठीक जैसे शिव रस को अपने शरीर में संचित करके उसे तप में परिवर्तित कर देते थे, उसी तरह रस को बाहर की ओर प्रवाहित

शिव चन्द्रमा को अपनी जटाओं में शरण देते हैं। शिव के केशों के सम्पर्क में आने भर से क्षीण होता चन्द्रमा, बढ़ने लगता है। इस तरह, शिव अनन्त शक्ति के स्रोत हैं। वे कोई साधारण देवता नहीं हैं। वे ईश्वर हैं।

करके तप को रस में बदला जा सकता था। इस तरह, शिव की आन्तरिक अग्नि ऊर्जा का एक विशाल भण्डार थी जिसमें से कोई भी धरती पर जीवन को फिर से बहाल करने के लिए ऊर्जा प्राप्त कर सकता था। जीवनदायी ऊर्जा के अनन्त और अक्षय स्रोत—शिव—को अपना गुरु और पिता स्वीकार करने के लिए काव्य-उषनस ने उर्वरता के रक्षक शुक्र—'वीर्य'—की उपाधि धारण की। पुनर्जीवन की इस विद्या के बल पर शुक्राचार्य युद्ध में मारे गये असुरों को फिर से जीवित कर देते थे। अपनी तरफ़ से असुर, वनस्पतियों और खनिजों की उस सम्पदा की दोबारा सृष्टि कर सकते थे जिसे देवता लेकर वितरित तो कर सकते थे, मगर पैदा नहीं कर सकते थे। इसीलिए कलाकृतियों में शिव हमेशा असुरों-जैसे पिशाची और भयावने जीवों से घिरे चित्रित किये जाते हैं। उनकी उपस्थिति में वे गण हैं, ईश्वर के अनुचर।

लेकिन जहाँ असुरों को यह जानकारी थी कि तप को रस में कैसे बदला जाये, असुर अपनी सम्पदा दुनिया के साथ नहीं बाँटते थे। जब वे शक्तिशाली स्थिति में होते तो दुनिया उजाड़ और अनुर्वर होती। आर्य इसीलिए असुरों को कंजूस जमाखोर समझ कर उनकी उपेक्षा करते थे। यज्ञ करके वे देवताओं को शक्ति प्रदान करते ताकि वे असुरों द्वारा संचित रस मुक्त कर सकें। जमा किये रस से किसी का पोषण नहीं होता था। जमाखोरी इसीलिए अपराध माना जाता था। आर्यों के प्रपितामह, दक्ष शिव का विरोध इसीलिए करते थे, क्योंकि शिव अपने वीर्य को संजोये रखते थे। वे इन्द्र की इसीलिए सराहना करते थे, क्योंकि इन्द्र अपने वीर्य को उन्मुक्त भाव से प्रयोग में लाते थे। दक्ष ने चन्द्र देव को इसीलिए यक्ष्मा से ग्रस्त होने का शाप दिया था, क्योंकि चन्द्रमा ने अपनी सभी पत्नियों को अपने वीर्य का प्रतिदान नहीं दिया था, यह असुरों की तरह का व्यवहार था।

चन्द्रमा की वृद्धि
(सोमनाथ स्थल पुराण)

दक्ष की अनेक पुत्रियाँ थीं। उन्होंने अपनी सत्ताईस पुत्रियों का विवाह चन्द्र देव से किया था जो अपनी सुन्दरता और पौरुष के

चन्द्र को भारतीय धर्मशास्त्रों में हिरन पर आसीन कल्पित किया गया है। नेपाली चित्रों में उन्हें हंसों द्वारा खींचे जा रहे रथ पर सवार दिखाया गया है। चन्द्रमा का घटना और बढ़ना मनोदशाओं के लगातार परिवर्तन का प्रतीक है, जो शिव का सहारा लेने से सन्तुलित और स्थिर होती हैं।

लिए जाने जाते थे। दक्ष की हर पुत्री एक नक्षत्र थी। इन सभी नक्षत्रों में रोहिणी सबसे सुन्दर और आकर्षक थी। चन्द्र देव को दूसरी पत्नियों की तुलना में सुन्दर रोहिणी अधिक पसन्द थी और उन्होंने पाया कि वे औरों की बनिस्बत रोहिणी के अधिक निकट रहने का प्रयास करते थे। चन्द्र देव की अन्य पत्नियाँ उपेक्षित महसूस करती थीं और उन्होंने अपने पिता से शिकायत की, जिन्होंने चन्द्र को चेतावनी दी कि अगर उन्होंने अपनी सभी पत्नियों को बराबर स्नेह-प्यार न दिया जैसा कि किसी भी बहुत पत्नियों वाले से उम्मीद रखी जाती थी तो इसके गम्भीर परिणाम होंगे। लेकिन चन्द्रमा ने दक्ष की चेतावनी को नज़रन्दाज़ कर दिया और दूसरी पत्नियों की उपेक्षा करते हुए रोहिणी पर अधिक ध्यान देना जारी रखा। दक्ष की चेतावनी का असर हुआ और चन्द्रमा जीवन का क्षय करने वाले रोग का शिकार हो गये।

जैसे-जैसे दिन गुज़रे, चन्द्र देव अपना पौरुष खो बैठे और क्षीण होने लगे। वे इतना घबरा गये कि उन्हें समझ में न आया कि क्या करें। अन्त में उन्होंने उसी देवता की शरण ली जिसने दक्ष का विरोध किया था—शिव। चन्द्र शिव के मस्तक पर जा विराजे। वहाँ उन्हें अपने को फिर से जीवित करने की शक्ति मिली : उनका पौरुष लौट आया और उनकी वृद्धि होने लगी। प्रसन्नता और कृतज्ञता से उन्होंने शिव को 'चन्द्र-शेखर' कह कर सम्बोधित किया—चन्द्र का उद्धार करने वाले। स्थिरचित्त होकर चन्द्र ने इसके बाद अपनी सत्ताईस पत्नियों में से हरेक के साथ एक रात बिताने का फ़ैसला किया। रोहिणी की तरफ़ एक-एक दिन करके चलते हुए उनमें लगातार वृद्धि होती और रोहिणी से दूर जाते समय एक-एक दिन वे क्षीण होते। नये चन्द्रमा की रात को उनके पास कोई पत्नी न होती। उससे एक दिन पहले जब वे केवल हंसिये के आकार के होते, चन्द्रमा शिवरात्रि मनाते और शिव की जटाओं में शरण लेते, इस जानकारी से सुरक्षित महसूस

करते हुए कि उनके पास फिर नया जीवन पाने और बढ़ने की शक्ति आ जायेगी।

चन्द्र के पुनर्स्थापित होने से देवताओं को उस बात का बोध हो गया जो शुक्राचार्य को पहले ही पता थी—कि शिव का तप भी जीवन का पोषण कर सकता था। जैसे शिव बाहरी जगत के रस को ग्रहण कर अन्दर की अग्नि

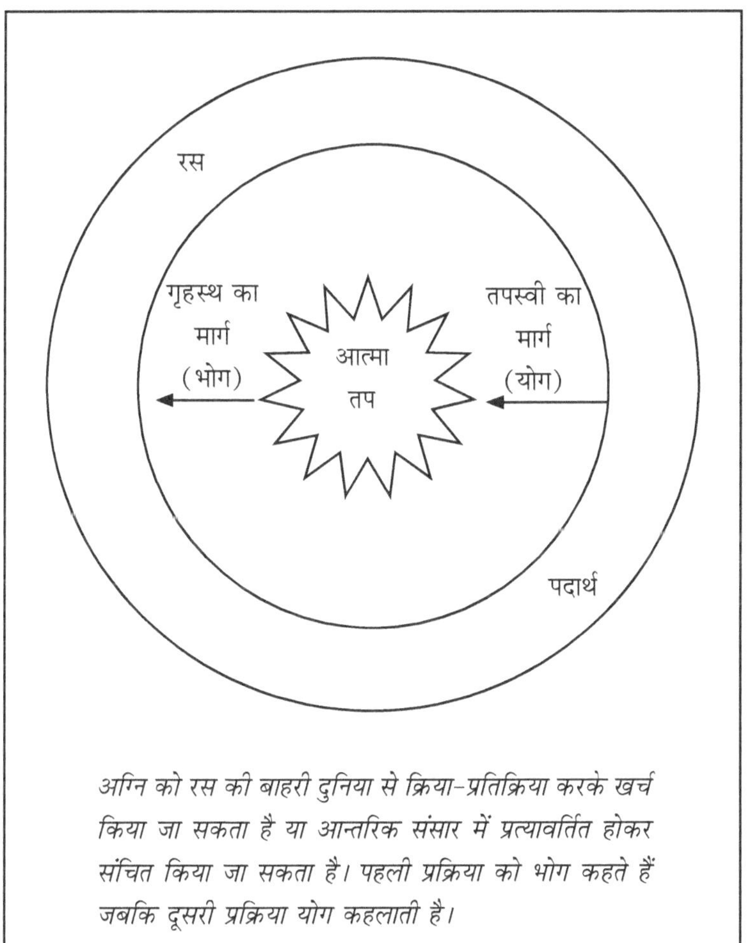

अग्नि को रस की बाहरी दुनिया से क्रिया-प्रतिक्रिया करके खर्च किया जा सकता है या आन्तरिक संसार में प्रत्यावर्तित होकर संचित किया जा सकता है। पहली प्रक्रिया को भोग कहते हैं जबकि दूसरी प्रक्रिया योग कहलाती है।

प्रज्वलित करते थे, बाहरी जगत भी शिव से ऊर्जा प्राप्त कर अपने आप को बनाये रख सकता था। स्पष्ट है, शिव द्रविड़ों के साधारण तपस्वी देवता ही नहीं थे, वे सिर्फ़ योग और तपस्या के गुरु ही नहीं थे, वे रसायनशास्त्री से कहीं अधिक थे। वे उस ब्रह्मन का साकार रूप थे, जिसका यज्ञ में आह्वान किया जाता था। शिव की पूजा ठीक वैसी ही थी जैसे यज्ञ करना। यह बोध वैदिक समाज को कर्मकाण्ड त्यागने और ईश्वरवाद अपनाने की ओर ले गया। हवनकुण्ड त्याग दिये गये और उपासना-स्थल बनाये गये जहाँ शिव की पूजा महादेव के रूप में होने लगी। असुर उन्हें इसलिए पूजते थे, क्योंकि शिव के शरीर से होकर निकलने वाले मार्ग से उनके गुरु को संजीवनी विद्या की जानकारी हुई थी। देवता उन्हें इसलिए पूजते थे, क्योंकि शिव ने केवल अपने मस्तक पर धारण करके क्षीण होते चन्द्रमा की वृद्धि करा दी थी।

असुर अपने गुरु द्वारा पुनर्जीवित किये जाने पर ही सन्तुष्ट नहीं थे। वे मृत्यु को चुनौती देना और रस के प्रवाह को नियन्त्रित करना चाहते थे। इस उद्देश्य से वे तपस्या करने और आन्तरिक अग्नि को प्रज्वलित करने लगे— शिव की तरह।

लेकिन शिव तपस्या करते थे बाहरी स्थितियों और उत्तेजना के बन्धनों से मुक्त होकर सत्य को आलोकित करने के लिए। उनका लक्ष्य सत-चित्त-आनन्द था। उनकी मंज़िल थी समाधि—संसार से मुक्ति। लेकिन असुरों का लक्ष्य था—सिद्धि, रस के रहस्यों को खोल कर संसार के कार्य-व्यापार पर नियन्त्रण प्राप्त करना, उसे अपनी इच्छा से चलाना। असुरों ने सांसारिक जीवन के बन्धनों को जलाने के लिए तप का संचय नहीं किया, बल्कि ब्रह्माण्ड के सार को नियन्त्रित करके सम्पत्ति को जमा करने के लिए और देवताओं के हमलों से जीवित बच निकलने के लिए तप किया।

तारक का वरदान

(शिव पुराण)

एक बार की बात है, तारक नामक असुर देवों को पराजित करने और संसार को नियन्त्रित करने की शक्ति प्राप्त करने का इच्छुक

था। इस उद्देश्य को पूरा करने के लिए उसने तपस्या करने का फ़ैसला किया। वह बिना हिले-डुले, किसी भी सांसारिक उत्तेजना या प्रेरणा से अप्रभावित, काल के बारे में सोचे बिना, पूरी तरह समाधि में बैठा रहा। उसकी समाधि इतनी गहरी थी कि ईश्वर ब्रह्मा के रूप में उसके सामने प्रकट हुए। 'तुम्हें क्या वरदान चाहिए, तारक?' ब्रह्मा ने पूछा। तारक का एकमात्र लक्ष्य सिद्धियाँ और भौतिक उपलब्धियाँ प्राप्त करना था, जो उसे उस सब का स्वामी बना दें जिसकी इच्छा उसके मन में थी। आवागमन के चक्र से अपनी मुक्ति के लिए वर माँगने की बजाय, तारक ने ब्रह्मा से अमरता का वर माँगा। जब ब्रह्मा ने दृढ़ता से उत्तर दिया कि यह सम्भव नहीं है, क्योंकि सभी जीवित प्राणियों को अन्त में मरना ही पड़ता है, तारक ने ऐसा वर माँगा जो उसे लगभग अमर बना देने वाला था। 'अगर मुझे मरना ही है तो मेरी मृत्यु उस बालक के हाथों हो, जो जन्म लेने के बाद छह दिन में युद्ध करने के योग्य हो जाये और सातवें दिन मुझे मारे।' ब्रह्मा ने उसे यह वर दे दिया और आगे कहा कि ऐसा बच्चा सिर्फ़ शिव का पुत्र ही हो सकता है। तारक को तसल्ली हो गयी। वर से बल पाकर वह अपने अभियान में जोशखरोश से जुट गया। उसने देवताओं को दैवी लोकों से निकाल दिया और तीनों लोकों का स्वामी बन गया।

इस विजय से तारक ने ब्रह्माण्ड में उपद्रव मचाना शुरू कर दिया। सम्पत्ति फिर से उत्पादित करके संचित की जाने लगी, मगर उसका वितरण रोक दिया गया। ऐसा समय आया कि देवताओं को पलट कर कदम उठाने की ज़रूरत महसूस होने लगी, लेकिन उन्हें समझ में नहीं आ रहा था कि कैसे और क्या किया जाये। किसी यज्ञ में इतनी शक्ति नहीं थी कि ऐसा अति-पौरुष-सम्पन्न बाल-योद्धा पैदा कर सके। तन्त्रशास्त्र के अनुसार, बच्चा तब पैदा होता है जब उर्वरता की अवस्था में पुरुष का श्वेत बीज स्त्री के रक्तिम बीज से मिलता है। बच्चे की शारीरिक विशेषताएँ क्रमशः इन बीजों की शक्ति पर निर्भर करती

हैं। नर जातक तब पैदा होता है, जब श्वेत बीज शक्तिशाली हो और स्त्री जातक तब, जब रक्तिम बीज शक्तिशाली हो। जब दोनों के बीज एक जैसे शक्तिशाली होते हैं तो बच्चा न नर होता है, न नारी। तपस्या और संयम बीज को शक्तिशाली बनाते हैं, कभी-कभी तो इतना शक्तिशाली कि उसे रक्तिम बीज या स्त्री के गर्भ की गर्मी की भी आवश्यकता नहीं होती। चूँकि शिव ही सबसे बड़े तपस्वी थे, जो युगों-युगों तक संयम से रहे थे, देवताओं ने निष्कर्ष निकाला कि उन्हीं का बीज इतना शक्तिशाली हो सकता था जो उस अति पौरुष सम्पन्न जातक को जन्म दे सके जो तारक को मार सके। तप से ऊर्जा प्राप्त करके शिव का वीर्य ऊर्ध्वगामी हो गया था। अब समय आ गया था कि उनके वीर्य को नीचे की ओर ले आया जाये और उससे एक जातक का जन्म कराया जाये। शिव को अब पिता बनाने का समय आ गया था।

सो, देवताओं ने देवी का आह्वान किया। देवी किसी समय सती थी जिसने शिव को कर्म करने के लिए उकसाया था। हालाँकि वह मर चुकी थी, लेकिन देवताओं को विश्वास था कि वे उसे सभी भौतिक चीज़ों की तरह पुनर्जीवित कर सकेंगे और उसे शिव को फिर से मुग्ध कराने के लिए तैयार कर सकेंगे। देवी योग-निद्रा थी, अरूप और अदृश्य, जब चेतना अन्तर्लीन हो जाती। वह योग-माया थी, अपने पूर्ण रूप में, जब चेतना उसकी ओर ध्यान देती। देवी की पूजा घुमन्तू आर्यों के भारतीय उपमहाद्वीप में आ बसने के सदियों बाद हिन्दू मुख्यधारा का हिस्सा बनी थी। आरम्भिक वैदिक धर्मशास्त्रों में अदिति (देवों की माता) और पृथ्वी (जो धरती का साकार रूप है) जैसी देवियों के सन्दर्भ मिलते हैं। लेकिन इन देवियों को वर्षा के गर्जन-भरे देवता इन्द्र, ज्वलन्त अग्नि-देवता और चमकते सूर्य-देव जैसे उनके पुरुष पूरक देवताओं द्वारा अमहत्त्वपूर्ण बना दिया गया था। बाद के वैदिक धर्मशास्त्रों में देवियाँ अधिक केन्द्रीय भूमिकाएँ निभाती दिखायी देती हैं। तपस्वियों और संन्यासियों की तरह, शायद देवियों ने भी हिन्दुत्व में द्रविड़ों के साथ आर्यों के घुलने-मिलने के बाद ही प्रवेश किया था।

इस बात से कि प्राथमिक वैदिक कर्मकाण्ड यज्ञ में किसी स्थायी उपासना-स्थल की ज़रूरत नहीं पड़ती थी, यह संकेत मिलता है कि पशु-पालक, घुमन्तू

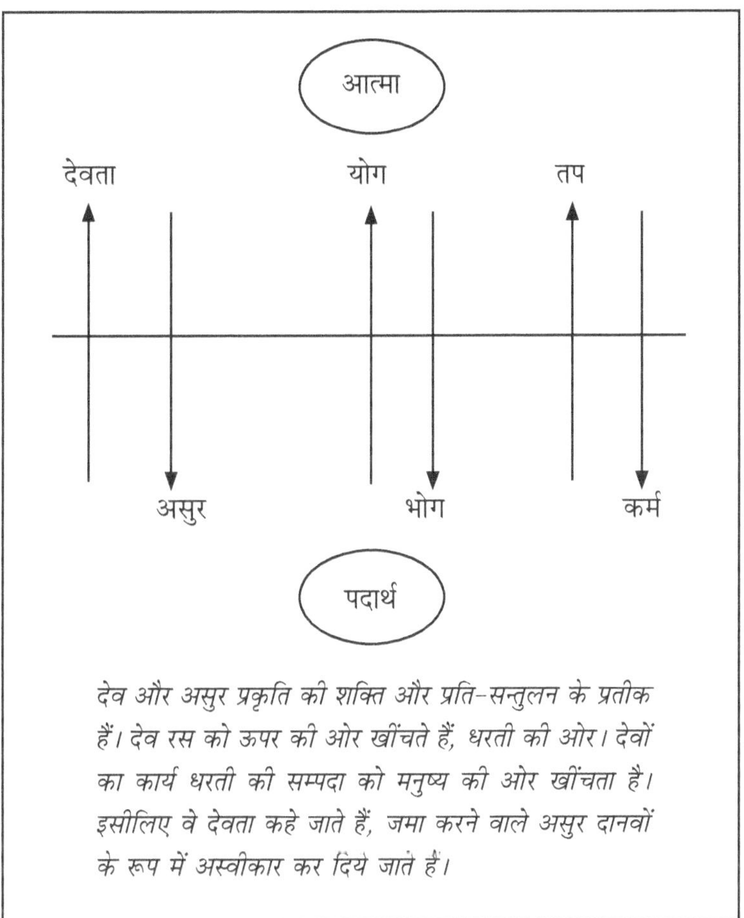

देव और असुर प्रकृति की शक्ति और प्रति-सन्तुलन के प्रतीक हैं। देव रस को ऊपर की ओर खींचते हैं, धरती की ओर। देवों का कार्य धरती की सम्पदा को मनुष्य की ओर खींचता है। इसीलिए वे देवता कहे जाते हैं, जमा करने वाले असुर दानवों के रूप में अस्वीकार कर दिये जाते हैं।

आर्य मिट्टी से उस गहराई से नहीं जुड़े थे जितने द्रविड़ समुदाय जो सम्भावित है कि उर्वरता की लय में डूबे किसान थे। ये द्रविड़ किसान समुदाय धरती को देवी के रूप में कल्पित करते थे, जो जीवित प्राणियों का पोषण दूध से करती थी और बदले में रक्त के पोषण की माँग करती थी। इस देवी के दो परस्पर निर्भर रूप थे—मंगला-गौरी कहा जाने वाला विनम्र, स्नेही, मातृत्व-भरा पहलू; और चण्डिका-काली कहा जाने वाला उच्छृंखल, रक्त-पिपासु, हत्यारा पहलू। पहली को फूल और धूप-अगरबत्ती अर्पित की जाती थी और दूसरी

को पशु-बलि के माध्यम से रक्त।

आर्य और द्रविड़ विश्व-दृष्टियों के घुलने-मिलने और एक-दूसरे में आत्मसात होने के साथ ही देवी को आर्यों ने यज्ञकर्ता दक्ष की बेटी, सती के रूप में और तपस्या करने वाले शिव की संगिनी के रूप में स्वीकार कर लिया था। दोनों ही रिश्ते तनाव-भरे थे : पिता अपनी पुत्री पर नियन्त्रण करने की आकांक्षा रखता था, जबकि पति अपनी पत्नी की उपेक्षा करना पसन्द करता था। सती वह रणभूमि थी, जहाँ संसार-समर्थक और संसार-त्यागी मिलते और टकराते थे।

सती के रूप में देवी ने शिव को सांसारिक उत्तेजना की अनुभूति करने और उस पर प्रतिक्रिया देने के लिए विवश किया था। फिर वह सन्तानहीन ही मर गयी थी। देवताओं को पूरा विश्वास था कि चूँकि देवी सारी भौतिक वस्तुओं का साकार रूप थी, इसलिए वे देवी को एक बार फिर लौटा लाने और उसके माध्यम से शिव को अपनी आँखें खोलने के लिए प्रेरित करने में सफल हो जायेंगे। अपने रूपान्तरणों के कारण वह शतरूपा, अनन्त रूपों वाली, के नाम से जानी जाने लगी थी। चूँकि उसके रूप मायावी थे, सतत परिवर्तनशील थे, और वह भी भ्रान्तिपूर्ण ढंग से, इसलिए देवी को माया भी कहा जाता था—भ्रान्तियों का साकार रूप। वह शक्ति भी थी—वह ऊर्जा—जिसका रूप देखने वाले की दृष्टि से निर्धारित होता था। वह प्रकृति थी—कुदरत—व्यक्ति का संसार। वह सरस्वती थी—ज्ञान और विद्या का माध्यम—और इसके साथ ही वह लक्ष्मी थी—पोषण का स्रोत।

उषस, शतरूपा, माया, शक्ति, प्रकृति, सरस्वती और लक्ष्मी—ये सभी देवी के नाम हैं। ब्रह्मा उसका बोध होने के बाद उसकी 'सृष्टि' करते हैं। यह पूरी तरह सच नहीं भी हो सकता, क्योंकि जब विष्णु सोते हैं तो संसार का अस्तित्व बना रहता है, अलबत्ता घुली हुई अवस्था में उस समुद्र के रूप में, जिसका जल विष्णु की शैया का काम देता है। चूँकि हिन्दू मनीषी बाहरी, वस्तुगत संसार से नहीं, बल्कि आन्तरिक, आत्म-निष्ठ संसार का अधिक चिन्तन करते थे, उनके लिए देवी का बोध उसके अस्तित्व से पहले आवश्यक था। देवी-पूजकों के लिए देवी का अस्तित्व सतत रहता है : जब विष्णु सोते हैं

तब भी और जब वे जागे होते हैं, तब भी। जब विष्णु निद्रा-मग्न होते हैं, जब चेतना जीवन के प्रति संवेदनशील नहीं होती, देवी का अस्तित्व योग-निद्रा के रूप में रहता है। जब विष्णु जागते हैं, जब चेतना अनुभवों के प्रति संवेदनशील होती है, तब देवी का अस्तित्व योगमाया के रूप में—उस महा-भ्रान्ति के रूप में रहता है, जो जीवन है। जब बोध और ज्ञान होता है, विष्णु को देवी का अनुभव योग-विद्या—अनुभवजनित ज्ञान के रूप में होता है।

ब्रह्मा, विष्णु, शिव—सभी ईश्वर के व्यक्त रूप हैं। हिन्दू पुराकथाओं में 'ईश्वर' शब्द अन्दर के देवत्व का प्रतीक है, जबकि 'देवी' शब्द बाहर के देवत्व का। ईश्वर देवी की 'सृष्टि' उसका बोध होने के बाद करता है। देवी ईश्वर को उसके ईश्वरत्व का बोध कराती है। इस प्रकार, देवी के अन्दर वह वास्तव में जन्म लेता है। यह उस वैदिक मन्त्र की व्याख्या है जिसमें कहा गया—'ईश्वर से देवी का जन्म हुआ और देवी से ईश्वर का।'

कथाओं में सरस्वती को ब्रह्मा की, लक्ष्मी को विष्णु की और शक्ति को शिव की संगिनी बताया गया है। इस तरह, ईश्वर का अस्तित्व देवी के बिना सम्भव नहीं है। दूसरे शब्दों में, अन्दर के आत्म-निष्ठ संसार का अस्तित्व बाहर के वस्तुगत संसार के बिना सम्भव नहीं है। सरस्वती के बिना, जो विद्या है, ब्रह्मा कुछ भी सृजन नहीं कर सकते। लक्ष्मी के बिना, जो सम्पदा है, विष्णु किसी का भी पालन-पोषण नहीं कर सकते। शक्ति के बिना शिव कोई विनाश नहीं कर सकते। पुरुष और स्त्री के प्रतीक और उनकी परस्पर निर्भरता ने प्राचीन ऋषियों को बहुत सरलता और सहजता से अवधारणाओं की परस्पर निर्भरता के जटिल विचारों को स्पष्ट करने में सहायता दी। 'आत्म' की अवधारणा को 'वस्तु' की अवधारणा के बिना समझाना असम्भव था, ठीक वैसे ही जैसे 'पुरुष' की अवधारणा को 'स्त्री' की अवधारणा के बिना समझाना बहुत कठिन था। और इस तरह हुआ यह कि पुरुष आत्मा का प्रतीक बन गया और स्त्री वस्तु का। पुरुष अमूर्त आत्मा था, स्त्री मूर्त पदार्थ।

निश्चय ही, यह सोचा जा सकता है कि पुरुष रूपाकार को स्थिर, शान्त, स्थायी आत्मा से और स्त्री रूपाकार को सतत परिवर्तनशील, अशांत, स्थायी पदार्थ से जोड़ कर देखा गया। शायद ऋषियों ने स्त्री के शरीर के नियमित

रूपान्तरण में, मासिक चक्र में, प्रकृति के नियमित रूपान्तरण के साथ एक सम्बन्ध देखा—चन्द्रमा का नियमित घटना-बढ़ना, समुद्र की लहरों में आने वाला ज्वार-भाटा, मौसमों का बदलना। इस सब ने स्त्री की शारीरिक संरचना को, जो अपने भीतर जीवन की सृष्टि करती है, उर्वरता और सांसारिकता के विचारों को व्यक्त करने के लिए अधिक उपयुक्त बना दिया; जबकि पुरुष की शारीरिक संरचना, जो जीवन की सृष्टि अपने बाहर करती थी, संन्यास, तप और पारलौकिकता के विचारों को व्यक्त करने के लिए अधिक उपयुक्त जान पड़ती थी।

देवी ने पर्वतों की बेटी, पार्वती के रूप में जन्म लिया। उसके पिता भारत की उत्तरी सीमाओं को घेरे हिमालय के हिम-मण्डित शिखरों के देवता— हिमवान—थे। वे पर्वतराज थे और सभी पर्वतों की तरह वे स्थायित्व और स्थिरता के प्रतीक थे। शिव इन्हीं पर्वतों पर तपस्या करते थे। शिव की तपस्या इतनी कठोर थी कि चारों तरफ़ की सारी ऊर्जा सिमट कर उनके शरीर में समाहित हो गयी थी, जिससे पर्वत बर्फ की तरह ठंडे और निर्जीव हो गये थे। अब यह पर्वतों की पुत्री पर था कि वह इस ऊसर, वीरान परिवेश में जीवन का संचार करे।

पहले पार्वती अप्सरा की तरह सुन्दर रूप बना कर शिव के सामने आयी और उन्हें लुभाने की कोशिश की। यह चाल दूसरे तपस्वियों के साथ काम करती रही थी। जब-जब देवताओं ने किसी तपस्वी को तप करते देखा था, उन्होंने उसे लुभाने और अपने मार्ग से डिगाने के लिए अप्सरा भेजी थी। अप्सराएँ हमेशा तपस्वियों से उनके बीज का स्खलन कराके उन्हें धरती से जुड़े रहने पर विवश करने में सफल रही थीं।

मेनका का आकर्षण

(महाभारत)

ऋषि विश्वामित्र राजा कौशिक के रूप में जन्मे थे। एक दिन अपनी सेना के साथ वे ऋषि वशिष्ठ के आश्रम में पहुँचे जहाँ उनका बहुत स्वागत-सत्कार हुआ। वशिष्ठ के पास एक दैवी गाय थी—कामधेनु—जो सारी इच्छाएँ पूरी कर देती थी और राजा की हर कामना पूरी करने में समर्थ थी। राजा कौशिक के मन में ईर्ष्या और लालच पैदा हुआ। वे चाहते थे कि यह दिव्य गाय उन्हें मिल जाये। लेकिन वशिष्ठ ने कामधेनु को देने से इनकार कर दिया। इस पर राजा कौशिक ने गाय को लेने के लिए बल का प्रयोग किया, लेकिन उनकी सेना और अस्त्र-शस्त्र वशिष्ठ की आध्यात्मिक शक्तियों का कोई मुकाबला नहीं कर पाये। पराजित होकर राजा कौशिक ने तपस्या करके अति-मानवीय सिद्धियाँ और शक्तियाँ प्राप्त करने का फ़ैसला किया।

उन्होंने वर्षों समाधि लगायी और अन्तत: वह प्राप्त कर लिया जो वे चाहते थे। वर्षों की इस तपस्या ने उन्हें बदल दिया और उन्होंने राज-पाट छोड़कर तपस्वी का जीवन बिताने का संकल्प लिया। ऋषि विश्वामित्र बनने के बाद उन्होंने अन्दर की अग्नि को प्रज्वलित किया और वे इतने शक्तिशाली हो गये कि देवताओं को डर लगने लगा। देवराज इन्द्र ने तब उन्हें लुभा कर उनकी तपस्या भंग करने के लिए मेनका नाम की अप्सरा को भेजने का फ़ैसला किया। मेनका बहुत सुन्दर और मोहक अप्सरा थी। उसने अपने मोहक हाव-भाव दिखाते हुए विश्वामित्र के सामने नृत्य किया और अन्तत: उन्हें अपनी आँखें खोल कर मेनका के रूप के आगे समर्पण करने को विवश कर दिया।

हिन्दू पुराकथाओं में अप्सराओं की बड़ी भूमिका रही है। इस शब्द का मूल अप्स यानी जल में है। वे रस का साकार रूप हैं। वे तप से ऊर्जा खींच कर,

उसे संसार की तरफ़ प्रवाहित करके दुनिया का कार्य-व्यापार जारी रखती हैं। इस तरह अप्सराएँ वह जल हैं जो तप की अग्नि को बुझा देता है। इसीलिए अप्सराएँ अग्नि-मन्थक तपस्वी से शाश्वत संघर्ष की स्थिति में रहती हैं। जहाँ वह संसार से विमुख होने का प्रयास करता है, अप्सरा तपस्वी को बाहर और संसार की ओर उन्मुख करने का प्रयास करती है। अप्सरा वह गर्भ है जो शरीर से बीज को दुहने का प्रयास करती है ताकि वह जीवनचक्र का क्रम बनाये रखे। वह तपस्या में बाधा है, तपस्वी की सबसे बड़ी शत्रु है।

अगर उदासीनता ही वह मार्ग है जो तप को प्रज्वलित करता है, तब कामना ही रस को प्रवाहित करने वाला साधन है। ऋग्वेद के अनुसार, 'कामना असत के अमूर्त विचार को सत के मूर्त विचार में बदल देती है।' संसार मूर्त रूप ग्रहण कर लेता है और जीवन तभी शुरू होता है जब प्राणी अपने असली

अग्नि और जल के प्रतीक

अग्नि	जल
तप	रस
पुल्लिंग	स्त्रीलिंग
आन्तरिक वास्तविकता	बाहरी वास्तविकता
आत्मा	पदार्थ
शिव	शक्ति
तपस्वी	अप्सरा
लिंग	गर्भ
डंडा	पात्र
मूसल	ओखली

रूप को जानने-पहचानने की कामना करता है। ऐसा उपनिषद् का कहना है। स्वयं अपने को जानने के लिए यह समझना आवश्यक है कि स्वयं हम क्या नहीं हैं। क्योंकि दूसरे का बोध और दर्शन हुए बिना, खुद अपनी अलग पहचान और बोध नहीं हो सकता। दूसरे को देखने-परखने के लिए, आँखें खोलकर संसार की ओर करनी पड़ती हैं। शिव को आँखें खोलकर संसार से क्रिया-प्रतिक्रिया में प्रवृत्त करने के लिए, देवताओं ने कामदेव, कन्दर्प को आमन्त्रित किया।

धर्मशास्त्र कन्दर्प का वर्णन इस रूप में करते हैं—वे एक सुन्दर, सांवले देवता हैं, जिनका वाहन तोता है, जो गन्ने से बना धनुष थामे रहते हैं, जिसकी डोरी मधुमक्खियों से बनी है, और जिनके बाण पाँच फूलों से बने हैं, जिनसे वे पाँचों इन्द्रियों को उत्तेजित कर देते हैं। गन्धर्व और फूलों के पराग और रस और गन्ध से बनीं परियाँ, यानी अप्सराएँ, उनके संगी-साथी हैं। जब कन्दर्प अपने पुष्प-बाण चलाते हैं तो ये संगी-साथी गाते-बजाते, नाचते-लुभाते हैं। रति और प्रीति, जो शारीरिक कामना और मानसिक लालसा की देवियाँ हैं, कन्दर्प की संगिनियाँ हैं। वे मैना पक्षियों पर सवार रहती हैं और कन्दर्प की पताका फहराती रहती हैं, जिस पर उनका प्रतीक चिह्न, ज्योतिष की मकर राशि का सूचक—मकर अंकित होता है। हर साल सूर्य वसन्त में मकर राशि में प्रवेश करता है, प्रेम और कामना की ऋतु, रिझाने-लुभाने और प्रणय-प्रीति की ऋतु। सम्भोग और मिलन की ऋतु। लेकिन शिव उनका तिरस्कार करते हैं और कन्दर्प पर जलती हुई दृष्टि ही डालते हैं।

आग्नेय दृष्टि
(शिव पुराण)

तारक नामक असुर, ब्रह्मा के वर से शक्ति पाकर, उपद्रव मचा रहा था। उसने तीनों लोकों में आतंक का साम्राज्य फैला रखा था। देवता संकट-ग्रस्त थे। वे जानते थे कि तारक अजेय है। उसे मारने का एक ही उपाय था कि शिव को एक पुत्र पैदा करने के

शिव की तीसरी आँख न तो बायें देखती है, न दायें। वह निष्पक्ष जागरूकता का प्रतीक है। शिव संसार को अच्छी या बुरी, सही या गलत की, उचित या अनुचित की कोटि में रखने के ऊपर हैं। इस तरह वे प्रेम और घृणा के परे हैं। संसार से ऊपर उठने और निष्पक्ष होने की क्षमता शिव को यह शक्ति प्रदान करती है कि वे कामदेव, कन्दर्प को नष्ट कर सकें।

लिए मनाया जाये। देवताओं ने फ़ैसला किया कि शिव की प्रिया, सती का पुनर्जन्म पर्वतराज हिमवान के यहाँ हो। इस तरह, शिव से विवाह करके तारक के उपद्रव और आतंक से तीनों लोकों को मुक्त कराने के उद्देश्य से पार्वती का जन्म हुआ।

समय बीता। सुन्दर और युवा पार्वती शिव के निवास पर गयी और उनकी सेवा करने लगी। लेकिन, अपने सारे प्रयासों के बाद भी वह उनका ध्यान अपनी ओर नहीं खींच पायी। हताश होकर, देवताओं ने कन्दर्प से कहा कि वे शिव को मोहित करें, उन्हें आँखें खोलने और अपने वीर्य का स्खलन करने के लिए प्रवृत्त करें। कन्दर्प की उपस्थिति ने परिवेश को कामना और प्रेम से भर दिया—शिव का हिम-मण्डित पर्वत फूलों, मधुमक्खियों, और तितलियों से भरे आनन्द कुंज में बदल गया। कन्दर्प के स्वागत में फूल खिल उठे और कन्दर्प के चरणों में पराग और रस का नैवेद्य अर्पित करने लगे। कन्दर्प को बढ़ावा देने के लिए अप्सराएँ नाचने और परियाँ गाने लगीं। कन्दर्प ने गन्ने की डाल से बना अपना धनुष उठाया, मधुमक्खियों से बनी डोरी खींची और शिव पर पाँच बाण चलाये। बाणों ने शिव को विचलित किया, लेकिन वे प्रसन्न नहीं हुए। उन्होंने अपनी तीसरी आँख खोली और उससे एक अग्निमय ज्वाला निकली जिसने कन्दर्प को जला कर भस्म कर दिया। कामना के देवता कन्दर्प को नष्ट करने के बाद ऐन्द्रिक अनुशासन के स्वामी शिव अपनी समाधि में लौट गये।

जीवन और पुनर्जन्म के चक्र में शिव की कोई रुचि नहीं थी। वे आनन्द से तपस्या में लीन थे जब चन्द्र ने उनके मस्तक पर शरण ली थी या शुक्र उनके शरीर से होकर गुज़र गये थे। जो लाभ उन दोनों देवताओं को शिव से मिले थे, वे किसी हद तक संयोग ही थे। शिव उदासीन ही बने रहे थे। शिव जीवन और उर्वरता-चक्र का विरोध करते थे।

शिव के लिए प्रकृति का अनन्त रूपान्तरण अनिवार्य रूप से आकांक्षा और कुण्ठा का जनक था। वे उन्हें उस आनन्द की याद दिलाता था जो वे महसूस करते थे जब सती उनकी गोद में खेलती-नाचती थी और उस पीड़ा की भी जो उन्होंने उसके शव को हाथों में उठाने पर महसूस की थी। उनके लिए संसार केवल भ्रम और माया का जाल था जो उनके मन-मस्तिष्क को सत-चित्त-आनन्द की अवस्था से दूर ले जाता था। इसलिए उन्होंने संसार से सारे लगाव और सम्बन्ध तोड़ लिये थे, आँखें बन्द कर ली थीं, ठण्डी, अंधेरी गुफ़ाओं में खुद को बन्द कर लिया था और निर्जन, हिम-मण्डित पर्वतों में अपने को तप की आग से गर्म रखते हुए समाधि लगाकर मनन करने लगे थे।

जब शिव ने अपना तीसरा नेत्र खोल कर कन्दर्प को भस्म कर दिया तो देवताओं के सामने और देवी के सामने भी साफ़ हो गया कि शिव कोई मामूली तपस्वी नहीं थे, जिन्हें लुभाया-फुसलाया जा सकता था। उन्हें अडिग संकल्प और पूर्ण भक्ति और समर्पण प्रदर्शित करके ही अपने तपस्वी वाले मार्ग को छोड़ने के लिए विवश किया जा सकता था। तब देवी ने फ़ैसला किया कि वे अप्सरा नहीं, तपस्वी बन कर शिव को अपनी आँखें खोलने के लिए मनायेंगी।

हिन्दू आध्यात्मिक परम्परा के अनुसार चूँकि सभी प्राणी—निर्जीव और सजीव, लौकिक और दैवी—कर्म से बँधे हैं, इसलिए ब्रह्माण्ड में अपनी कामना का प्रवेश कराके जीवन का मार्ग बदला जा सकता है। कामना को हठ से प्रवेश कराना पड़ता है, जब तक कि ब्रह्माण्ड के पास इस कामना के आगे झुक जाने और व्यक्ति की इच्छाओं को स्वीकार करने के सिवाय कोई चारा न रहे। इसी को हठ-योग कहते हैं, अडिग संकल्प का योग। अडिग संकल्प तप, त्याग और आत्म-निग्रह तथा इन्द्रिय-दमन से अभिव्यक्त होता है। वह सिर्फ़ मनन-चिन्तन से नहीं होता। कभी-कभी उसमें खाना-पीना, नींद और सुविधाओं को त्यागना होता है और कभी-कभी सीधे-सीधे शरीर को यातना देना भी उसका अंग होता है—आग पर बैठना, कांटों पर सोना या दोनों बाँहें ऊपर उठाये एक पैर पर खड़े रहना।

पार्वती के कृत्य शिव के कार्यों से भिन्न हैं। शिव की समाधि संसार से उदासीनता की अभिव्यक्ति है; पार्वती का तप और इन्द्रिय-दमन अपनी इच्छ पूरी कराने की अभिव्यक्तियाँ हैं। शिव आन्तरिक अग्नि प्रज्वलित करते हैं, जो चारों तरफ़ की हर चीज़ को जला देती है। पार्वती संचित ऊर्जा को इस्तेमाल करके अपने गिर्द एक घटना को बलपूर्वक घटित करती हैं। वह ऐसा उत्तेजक कृत्य करती हैं, जिसकी प्रतिक्रिया के सिवाय शिव के पास कोई चारा नहीं रहता। यह उत्तेजना शिव को मोहित करने के लिए नहीं, उनका ध्यान आकर्षित करने के लिए है।

पार्वती द्वारा शिव का हृदय जीतना
(शिव पुराण)

पर्वत-राजकन्या पार्वती को शिव का हृदय जीतने में मदद करने के लिए देवताओं ने कन्दर्प की सहायता ली थी, लेकिन शिव ने अपने तीसरे नेत्र की एक ज्वाला से उसे भस्म कर दिया। तो भी, पार्वती शिव की गुफ़ा पर हर रोज़ भोजन और फूलों की एक डलिया लेकर आती रही। वह गुफ़ा साफ़ करती और तपस्वी की देख-रेख करती, लेकिन तपस्वी शिव उसके स्नेह-सत्कार के प्रति सर्वथा उदासीन बने रहे। हठी तपस्वी से विवाह करने का संकल्प कर पार्वती ने अन्ततः अपने पिता का घर छोड़ दिया और वन गयीं तपस्विनी की तरह रहने का फ़ैसला किया। वह अपने अन्दर सिमट गयी और सारे विचारों, कार्यों, साँसों और बीज को रोक लिया। उसकी तपस्या इतनी कठोर थी कि उसने पर्वतों की बुनियाद को हिला देने का खतरा पैदा कर दिया। ऐसे संकल्प के बाद शिव को अपनी आँख खोलनी पड़ी। उन्होंने पार्वती को अपने संकल्प से हटाने की कोशिश की और उसे बताया कि तपस्वी के साथ जीवन किसी भी तरह उसके पिता के साथ राजसी जीवन जैसा नहीं होगा। उन्होंने सुझाया कि वह किसी राजकुमार या देवता से विवाह कर ले। कोई ऐसा जो युवा और पौरुष-सम्पन्न हो।

लेकिन पार्वती मानने को तैयार नहीं थी। वह हठ ठाने रही। शिव को मानना पड़ा कि उन्हें उनके बराबर का कोई हठी मिल गया था, अपनी जोड़ीदार मिल गयी थी। वे पार्वती से विवाह करने के लिए तैयार हो गये। इस तपस्वी को गृहस्थ बनाने पर उतारू राज-कन्या ने हठ किया कि वे उसके साथ रीति-रिवाज से विधिवत विवाह करें।

भारत में अच्छे पतियों की कामना करने वाली स्त्रियाँ पार्वती का अनुकरण करती हैं। हफ़्ते के खास-खास दिनों पर, जैसे चन्द्रमा और शिव से जुड़े दिन सोमवार को वे मनपसन्द पति पाने की उम्मीद में उपवास करती हैं। इस उपवास को व्रत कहते हैं, जो पार्वती की तपस्या का एक संक्षिप्त रूप है, जो मन की इच्छा पूरी करने में मदद करता है। व्रत एक निजी कर्मकाण्ड है, पुरोहितों द्वारा सम्पन्न किया हुआ नहीं। यह सिर्फ़ कर्मकाण्डी रीति का पालन करने पर निर्भर नहीं है, बल्कि इसमें इच्छित उद्देश्य पर मन और हृदय का पूरी तरह केन्द्रित होना आवश्यक है। व्रत ऐसा कर्मकाण्ड है जिसके माध्यम से व्यक्ति ब्रह्माण्ड के कार्य-व्यापार में हस्तक्षेप कर सकता है। यह एक आन्तरिक यज्ञ है। इसका उद्देश्य संसार के प्रति अपने दृष्टिकोण को बदलना नहीं, बल्कि स्वयं संसार को बदलना है।

शिव ने अपनी आँखें खोलीं और पार्वती का वर बनना स्वीकार कर लिया। लेकिन एक समस्या थी। शिव को सामाजिक आचरण के नियम नहीं मालूम थे—क्या उचित समझा जाता था, क्या अनुचित, क्या शुभ था, क्या अशुभ।

कुरूप वर
(लिंग पुराण)

पवित्र ग्रन्थों में कहा गया है कि वर को अपने परिवार के साथ वधू के घर जाकर विवाह के लिए उसका हाथ माँगना पड़ता है। शिव तपस्वी थे। उनका कोई परिवार नहीं था; इसलिए उन्होंने अपने सारे गणों और संगियों को विवाह में चलने के लिए न्यौता

दे दिया। जब देवताओं ने यह बरात देखी तो वे आतंकित रह गये—भूत-प्रेत, पिशाच, डाकिनियाँ, शाकिनियाँ, बौने, बैताल, चुड़ैलें, चमगादड़। खुद शिव एक बैल पर सवार थे। उन्होंने भांग पी रखी थी और विषपान किया हुआ था। उनके संगियों ने, जो संसार के तौर-तरीके नहीं जानते थे, शिव को भस्म, मुण्ड-माल, हड्डियों, सर्पों और पशु-चर्म से सजा रखा था। जब शिव पर्वतराज के महल के द्वार पर पहुँचे तो जो स्त्रियाँ उनका स्वागत करने के लिए इकट्ठा हुई थीं, वे डर कर भाग खड़ी हुईं। पार्वती की माँ मेना ने इस पुरुष को अपने दामाद के रूप में स्वीकार करने से इनकार कर दिया जो भिखारी की तरह दिखता था और श्मशानों में रहता था। पार्वती ने शिव से बिनती की, 'तुमने मुझसे विवाह का वचन दिया था। कृपया वह रूप धारण करो जो मेरे माता-पिता को पसन्द आये, कम-से-कम तब तक जब तक वे हमारे विवाह की अनुमति न दे दें।' तब शिव ने देवताओं को अनुमति दी कि वे उन्हें वैसे ही सजा दें जैसा वे उचित समझते थे। शिव को पवित्र दैवी जल से नहलाया गया और रेशम, फूलों, स्वर्ण और रत्नों से सजाया गया। जब देवताओं ने अपना काम खत्म कर लिया तो शिव कन्दर्प से भी अधिक सुन्दर दिखायी देने लगे। वे पूरे चाँद जितने ही गोरे थे। उनके हाथ-पाँव और अंग किसी नर्तक जैसे लचीले थे। वहाँ इकट्ठा सभी स्त्रियाँ उन पर मोहित हो गयीं। उन्होंने शिव को सौन्दर्य का देवता, सुन्दरेश्वर घोषित कर दिया। मेना भी प्रभावित हो गयी। उसने प्रसन्नता से पार्वती को शिव से विवाह करने की अनुमति दे दी। देवताओं की उपस्थिति में, स्वयं ब्रह्मा की प्रधानता में सम्पन्न समारोह में शिव और पार्वती ने पति-पत्नी बनने के लिए एक-दूसरे को मालाएँ पहनायीं।

यह शिव का दूसरा विवाह है। दोनों ही विवाहों में वे अनिच्छुक वर थे। पहले में उन्होंने आदि पुरोहित दक्ष की पुत्री से विवाह किया था। दूसरे में उन्होंने

ज्ञान	भक्ति	कर्म	हठ
मस्तिष्क	हृदय	समाज	शरीर
बौद्धिक	भावुक	सामाजिक	भौतिक
दार्शनिक	भक्ति-परक	कर्तव्य-निष्ठ	तप
चारों तरफ़ की सारी चीज़ों की प्रकृति को समझना	चारों तरफ़ की सारी चीज़ों की प्रकृति से बिना शर्त प्रेम करना	चारों तरफ़ की सारी चीज़ों से क्रिया-प्रतिक्रिया करना	कर्म के द्वारा चीज़ों की प्रकृति को बदलने का संकल्प अभिव्यक्त करना

पर्वतराज हिमवान की बेटी से ब्याह किया। पहले में उन्होंने अपने ससुर को क्रोधित कर दिया था जब वे उसके आगे नहीं झुके थे। दूसरे में जब वे भिखारी और कंगाल की तरह कपड़े पहने पहुँचे तो उन्होंने अपने ससुर को डरा दिया। पहले विवाह में देवी शिव से विवाह करने के लिए बस अपने पिता का घर छोड़कर निकल आयी थी। दूसरे में देवी ने आग्रह किया था कि शिव उसका हाथ माँगने के लिए उसके पिता के घर आयें। देवी की तरफ़ से यज्ञ के समर्थकों और तपस्या के अनुयायियों को प्रेम और समझदारी के साथ एक-दूसरे से मिलाने का सचेत प्रयास है, क्योंकि दोनों शान्ति की कामना करते हैं—एक बाहरी अग्नि का मन्थन करके, दूसरा आन्तरिक अग्नि के मन्थन द्वारा। देवी को पुरोहित राजाओं के मार्ग में गुण दिखायी देते हैं जो एक शान्तिपूर्ण समाज स्थापित करना चाहते हैं; साथ ही देवी को तपस्वियों के मार्ग में भी अच्छाइयाँ नज़र आती हैं जो आन्तरिक शान्ति की खोज करते हैं। वह बाह्य तरीके और आन्तरिक तरीके के बीच के अन्तर को पाट देती है। भक्ति-योग के साथ

वह कर्म-योग और ज्ञान-योग को जोड़ देती है। हृदय मस्तिष्क को पदार्थ से जोड़ने में सफल हो जाता है।

दक्षिणी परम्पराओं में पार्वती को विष्णु की बहन बताया जाता है। विष्णु ब्रह्माण्ड और सामाजिक व्यवस्था के रखवाले हैं और प्राकृतिक और सांस्कृतिक मूल्यों के समर्थक। वे देवताओं के सूरमा हैं, जो जीवनचक्र की निरन्तरता सुनिश्चित करते हैं। वे जानते हैं कि शिव और पार्वती के विवाह के फलस्वरूप बच्चे होंगे जो यह सुनिश्चित करेंगे कि शिव की शक्ति संसार के प्रति उदासीन रहने की बजाय उसका अंग बनेगी। उनके बच्चे दानवों का संहार करेंगे, बाधाएँ दूर करेंगे और भौतिक सुख-सम्पन्नता लायेंगे। कलाकृतियों में विष्णु को देवी का हाथ विवाह में शिव को देते हुए दिखाया गया है।

तन्त्र में शिव को श्वेत, भस्म-सरीखे शव के रूप में, उत्थित लिंग के साथ कल्पित किया जाता है। वे इतने आत्म-लीन हैं कि उनके शरीर को बाहरी जगत की कोई अनुभूति नहीं होती—वह मृत देह जैसा है। बाहरी दुनिया के विखण्डन द्वारा उत्पन्न आन्तरिक ज्ञान की आन्तरिक अग्नि को प्रज्वलित करता हुआ, उनका वीर्य ऊर्ध्वमुखी है। ज्वालाएँ ऊपर को उठ कर उनके लिंग को हिलाती हैं। देवी काली के रूप में प्रकट होती है, जो सांवली, रक्त की प्यासी, केश खोले और नग्न है—एक ही समय कामुक और हिंसक है। अपनी स्वायत्तता दर्शाने के लिए वह अपना सिर काट देती है और अपना ही रक्त पीती है। इसी के साथ वह अपनी निर्भरता दर्शाने के लिए शिव से सम्भोग करने के लिए उनके शव पर बैठ जाती है। शिव से सम्भोग करके वह उन्हें बाहरी जगत को स्वीकार करने के लिए विवश कर रही है जहाँ पदार्थ अनेकानेक रूपों में प्रकट होता है। वह उनकी ऊर्जा यानी उनका वीर्य बाहर निकालने का प्रयास करती है। उसका गर्भ जीवनदायी जल का पात्र है। शिव के लिंग पर बैठकर वह आन्तरिक जगत की अग्नि को बाहरी जगत के जल से ढँक लेती है।

यौन-मिलन का एक अधिक अमूर्त प्रतीक हिन्दू मन्दिरों में शिव-लिंग है। अगर हम सम्भोगरत शिव और शक्ति के शरीर को हटा लें तो जननांगों को छोड़कर और बचता क्या है। जो बचता है वह शिव का एक ऊर्ध्वमुखी

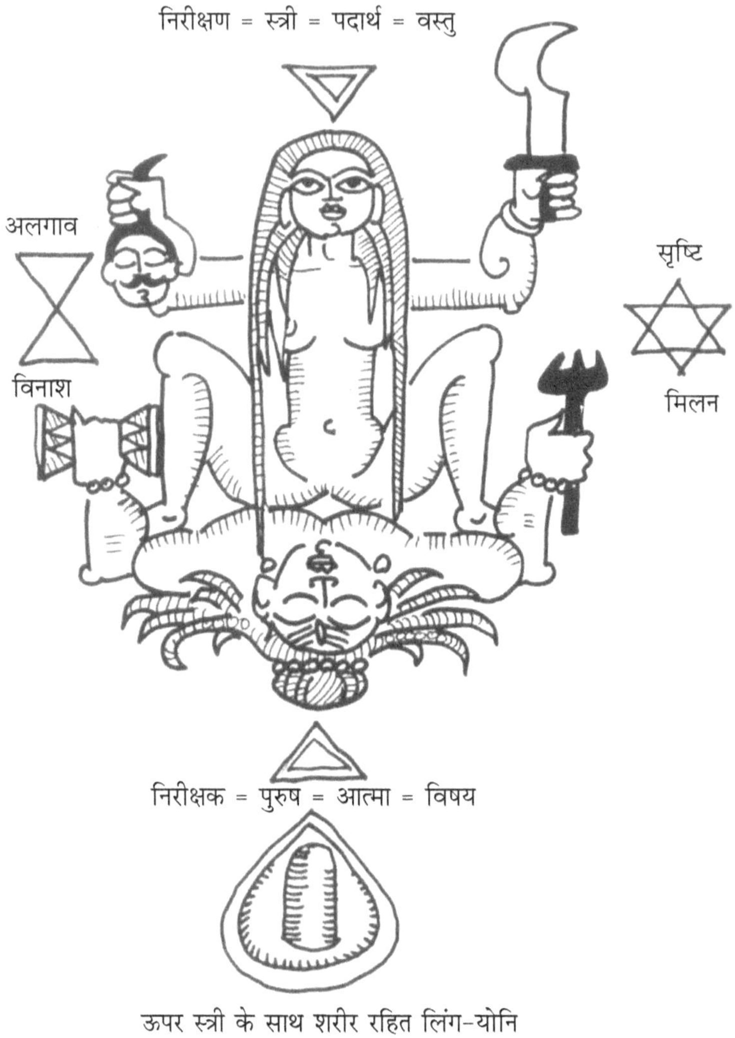

निरीक्षण = स्त्री = पदार्थ = वस्तु

अलगाव

विनाश

सृष्टि

मिलन

निरीक्षक = पुरुष = आत्मा = विषय

ऊपर स्त्री के साथ शरीर रहित लिंग-योनि

मन्दिरों में शिव के लिंग की पूजा देवी की योनि के भीतर समाहित रूप में होती है। वह पदार्थ द्वारा चेतना को संसार में खींच लाने का प्रतीक है। देवी उन्हें अन्दर लाती है। देवी के साथ युक्त होकर, संसार का निरीक्षण करके शिव को वास्तव में ज्ञान होगा कि वे कौन हैं।

कामाक्षी के रूप में देवी काम या कन्दर्प के प्रतीक थामे रखती है—गन्ना, फूल, तोता और घट। वह शिव पर बैठती है और उन्हें संसार से युक्त होने के लिए विवश करती है।

लिंग है जो एक पत्ते के रूपाकार वाली नांद में—देवी के भगोष्ठों से घिरे चित लेटे हैं। इस तरह भक्त देवी के गर्भ के भीतर खड़ा होता है। चारों ओर जो स्थितियाँ और अस्तित्व हैं वे रस के प्रकट रूप हैं। जीवन तब घटित होता है जब देवी संसार को अस्वीकार करने वाली अग्नि को अपने संसार-पोषक रस में रूपान्तरित करती हुई, ईश्वर को संसार में खींच लाने का प्रयास करती हैं। हिन्दू मन्दिरों में लिंग के ऊपर लटकता घट देवी की योनि का एक और प्रतीक है। जल शिव की अग्नि की ज्वालाओं को बुझा कर उनकी ऊर्जा को भौतिक जगत में संचारित करने की आशा करता है।

लिंग-योनि प्रतीक के भीतर अर्थ-व्यंजनाएँ

लिंग	योनि
लिंग	गर्भ
पौरुष	स्त्रीत्व
आत्मा	पदार्थ
अध्यात्म	सार
बीज	मिट्टी
ब्रह्मन	संसार
आन्तरिक वास्तविकता	बाहरी यथार्थ
आन्तरिक देवत्व	बाहरी देवत्व
अमूर्त देवत्व	मूर्त देवत्व
तप (आध्यात्मिक अग्नि)	रस (भौतिक द्रव्य)
मस्तिष्क	पदार्थ

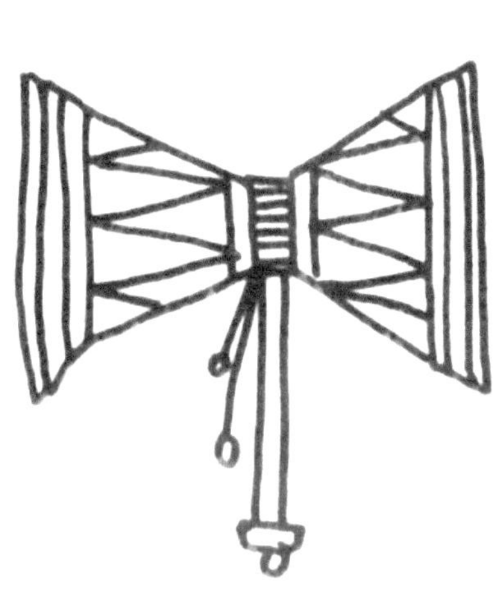

शिव का डमरू एक-दूसरे से अलग दो त्रिकोणों के नमूने पर बनी कारीगरी है। त्रिकोण स्त्री और पुरुष, आन्तरिक और बाहरी वास्तविकता, आत्मा और पदार्थ, विषय और वस्तु का प्रतीक हैं एक-दूसरे से अलग होने पर विनाश होता है।

ज्यामिति में यह मिलन ऊर्ध्वमुखी त्रिकोण (लिंग) के साथ निम्नमुखी त्रिकोण (गर्भ) के मिलन के रूप में व्यक्त किया जाता है। यह षट्कोणी तारा शिव और शक्ति के मिलन का प्रतीक है।

यह शिव-लिंग का ज्यामितिक प्रतीक है, जिसमें ऊर्ध्वमुखी त्रिकोण लिंग के दण्ड का और निम्नमुखी त्रिकोण योनि की नांद का प्रतीक है। आध्यात्मिक विचारों के ये ज्यामितिक प्रतीक यन्त्र कहलाते हैं।

देवी पूजा में काली जैसी देवी के स्वायत्त रूपों का प्रतिनिधित्व ऊर्ध्वमुखी त्रिकोण के बिना निम्नमुखी त्रिकोणों के प्रतीकों से होता है। इसे ऐसे ही अनेक

त्रिकोणों से बल प्रदान किया जाता है। जब देवी का प्रतिनिधित्व माता के रूप में होता है तब उसका यन्त्र ऊर्ध्वमुखी और निम्नमुखी, दोनों त्रिकोणों से होता है, जैसे श्री यन्त्र में।

यौन क्रिया ऋषियों के लिए केवल सम्भोग से अधिक थी। अपने सरलतम रूप में वह स्त्री और पुरुष का मिलन थी, उर्वरता का कार्य। इसके अर्थ और अभिप्राय शरीर विज्ञान से ऊपर उठ जाते थे और अन्वेषी द्वारा संसार की जानकारी के साथ विकसित होते थे।

देवता तारक को मारने के लिए एक अति-पौरुष सम्पन्न बालक चाहते थे। वे ऐसा जीव चाहते थे जो आयु से परे हो जिससे वह अपने जन्म के सातवें दिन जब वह छह दिन की आयु पूरी कर चुका हो तो उस असुर से लड़ने के लिए पर्याप्त शक्तिशाली हो। दूसरे शब्दों में वे तप का साकार रूप चाहते थे जो संसार के नियमों से न बँधा हो। वे चाहते थे कि देवी शिव के

स्कन्द

बीज को दुह कर निकाले लेकिन उस वीर्य को अपने गर्भ में पोषित न करे। इसलिए उन्होंने एक विस्तृत योजना बनायी जिससे देवी का लाल बीज ईश्वर के स़फेद बीज से घुल-मिल न सके।

स्कन्द का जन्म
(वामन पुराण, स्कन्द पुराण)

देवताओं ने उस समय हस्तक्षेप किया जब शिव-पार्वती प्रणय-लीला में लीन थे। लज्जित होकर पार्वती अलग हट गयीं और शिव का वीर्य स्खलित हो गया। अग्नि देव ने उस वीर्य को अपनी ज्वालाओं में धारण किया, लेकिन उन्होंने पाया कि उसका तेज इतना शक्तिशाली था कि उसे सहन करना असम्भव था। तब उन्होंने उसे ठंडा करने के लिए वायु देव को दे दिया, जिन्होंने उसे शीतल करने में असमर्थ होकर गंगा नदी के ब़र्फीले पानी में फेंक दिया। शिव के वीर्य में इतनी ऊर्जा थी कि नदी का जल खौलने लगा।

कृत्तिका नामक छह वन-कुमारियाँ, जो सप्तर्षियों की पत्नियाँ थीं और नदी के जल में नहा रही थीं उस एक बीज से गर्भवती हो गयीं। उनके पतियों ने उन्हें अपवित्र घोषित कर दिया। लज्जा से उन्होंने अपने गर्भ को साफ़ कर दिया और उस अजन्मे भ्रूण को सरपत के झुंड, सरकण्डों के जंगल में त्याग दिया।

जैसे ही वे भ्रूण धरती पर गिरे सरपत का वह झुंड जल उठा। वन की इस अग्नि में वे छह भ्रूण मिल कर एक हो गये। उन्होंने छह सिरों वाले एक बालक का रूप ले लिया। कृत्तिकाएँ इस बालक को मार डालना चाहती थीं, क्योंकि वह उनकी लज्जा का साकार रूप था। लेकिन जैसे ही वे उसके निकट पहुँचीं उनकी छातियों से दूध झरने लगा। मातृत्व की ममता के वशीभूत होकर कृत्तिकाओं ने इस बालक का पोषण किया जिसका नामकरण उन्होंने कृत्तिकाओं का पुत्र कार्तिकेय किया।

शिव के बीज से जन्मे इस जातक को, जिसे पार्वती ने दुहा था, अग्नि देव और वायु देव, गंगा और शरवन ने सेया था और कृत्तिकाओं ने पोसा था, स्कन्द भी कहते हैं। जब स्कन्द छह दिन का हुआ तो सातवें दिन वह इतना शक्तिशाली हो गया कि एक भाला उठा कर तारक के विरुद्ध देवताओं की अगुआई कर सके। कड़े युद्ध के बाद उसने तारक को पराजित कर दिया।

इस तरह, स्कन्द के माध्यम से शिव सांसारिक कार्य-व्यापार में हिस्सेदारी करते हैं। कला में, स्कन्द पौरुष के प्रतीकों से व्यक्त होता है जैसे भाला, मुर्गा और मोर। वह मंगल ग्रह से जुड़ा है। दक्षिण भारत में स्कन्द आम लोगों में मुरुगन के नाम से पूजित है—बाल देवता और शाश्वत बालक, कुमार के रूप में। वह सहायता करने वाला देवता, सुब्रह्मण्यम है, जो पर्वत-शिखर पर खड़ा होकर मानवता की रक्षा करता है। उसकी दो पत्नियाँ हैं—देवों की पुत्री सेना और स्थानीय जनजाति की बेटी, वल्ली। कुछ लोगों के अनुसार उसकी पत्नियाँ उसकी सेना और उन हथियारों की प्रतीक हैं, जिनसे उसका विवाह हुआ है। उत्तर भारत में उसकी कोई पत्नी नहीं है। वह एक पौरुष-सम्पन्न युद्ध-प्रिय देवता है, जो मनुष्यों को युद्ध में ले जाता है और स्त्रियों को विधवा बनाता है।

लेकिन देवी शिव के इस पुत्र से सन्तुष्ट नहीं थी। वह न तो उसके गर्भ में पला, न उसकी छाती से उसने दूध पिया। हालाँकि शिव के इस पुत्र ने संसार की सहायता की है, लेकिन वह सांसारिक कार्य-व्यापार में शिव की सीधी हिस्सेदारी का प्रतिनिधित्व नहीं करता। शिव हमेशा की तरह उदासीन बने रहे। विवाह उन पर थोपा गया था। उनकी प्रणय-लीला भी, जिसमें देवी ऊपर थी, इकतरफ़ा लगती थी। शिव का वीर्य भी अनायास ही स्खलित हो गया था। जहाँ देवताओं को अपना नेता और सेनापति मिल गया था, देवी शिव से और अधिक चाहती थी। वह चाहती थी कि वे सचमुच एक बच्चे के जनक बनें और उसके माध्यम से संसार के कार्य-व्यापार में योग दें।

गणेश का जन्म
(शिव पुराण)

पार्वती की इच्छा थी कि शिव एक बच्चे को जन्म दें। लेकिन उन्होंने इनकार कर दिया। हताश और खीझी हुई पार्वती ने शरीर पर लगाने वाले उबटन से स्वयं एक बच्चा रचा। बच्चे को विनायक कहा गया, क्योंकि वह किसी पुरुष के सहयोग के बिना जन्मा था। एक दिन पार्वती ने अपने पुत्र से कहा कि वह उसके स्नान-गृह पर पहरा दे और किसी को अन्दर न आने दे। विनायक ने इस आज्ञा का पालन किया और यह न जानते हुए कि शिव उसकी माँ के पति थे, शिव को भी अन्दर नहीं जाने दिया। आम तौर पर उदासीन और निस्पृह रहने वाले शिव ने आपा खोकर अपना त्रिशूल उठाया और उस हठी लड़के का सिर काट दिया। पार्वती के दुख की सीमा न रही और उसने धमकी दी कि अगर उसके पुत्र को पुनर्जीवित न किया गया तो वह जीवनदायी देवी, गौरी से जीवन लेने वाली देवी, काली में बदल जायेगी। तब शिव ने अपने गणों से कहा कि वे उस पहले जीव का सिर ले आयें जो उन्हें दिखे। वे एक हाथी का सिर ले आये जिसे शिव ने पार्वती के पुत्र के कटे हुए सिर पर रख दिया और उसे पुनर्जीवित कर दिया। बालक को जीवन देकर शिव उसके पिता बन गये। उन्होंने उस लड़के को गणों का देवता घोषित करके उसका पिता होना स्वीकार कर लिया।

अपने बच्चे की मृत्यु पर पार्वती का रोष शिव को कार्य करने पर विवश करता है। जब वे उसके सृजे बालक को पुनर्जीवित करते हैं और उसे अपने अनुयायियों का नेता बनाते हैं तो वे सचेत रूप से पिता और इस तरह भौतिक जगत का अंग बन जाते हैं। देवी द्वारा रचे शरीर और ईश्वर द्वारा दिये गये सिर वाले पुनर्जीवित गणपति तपस्वी शिव के गृहस्थ शिव में रूपान्तरण के प्रतीक हैं।

हाथी के सिर का चुनाव दिलचस्प है। हिन्दू प्रतीक-योजना में हाथी भौतिक सम्पन्नता का प्रतिनिधित्व करता है। देवराज इन्द्र हाथी की सवारी करते हैं। हाथी समृद्धि की देवी लक्ष्मी के अगल-बगल रहते हैं। शिव को, जो भौतिक सुख को नकारते हैं, गजान्तक कहा जाता है—वह जो हाथी को मार कर उसकी खाल अपने ऊपरी परिधान के रूप में प्रयोग करते हैं। अपनी पत्नी के रचे बच्चे को पुनर्जीवित करने के लिए हाथी के सिर का उपयोग करके शिव वस्तुतः रस के संसार में अपनी हिस्सेदारी का प्रदर्शन करते हैं। जिस बालक को उन्होंने मारा है, उसे पुनर्जीवित करने के लिए वे तप की अपनी शक्ति का प्रयोग करते हैं। गणपति का सिर तप का प्रतीक है; उनकी देह रस का प्रतीक है। वे ईश्वर और देवी के बीच सामंजस्य और मेल-मिलाप करा देते हैं। गणेश वह द्वार बन जाते हैं जिससे होकर शिव संसार में प्रवेश करते हैं।

हालाँकि वे अपनी पत्नी और दो बच्चों, स्कन्द और गणपति, के साथ रहते हैं, फिर भी शिव एक अनिच्छुक गृहस्थ हैं। वे भौतिक जीवन को अर्थपूर्ण नहीं पाते। हालाँकि देवी उन्हें पिता बनाने में सफल हो जाती है, उसे शिव को सच्चा गृहस्थ बनाना एक कठिन काम जान पड़ता है। वे घर की अवधारणा को पसन्द नहीं करते।

पार्वती के लिए एक घर
(लोककथा)

एक बार पार्वती ने शिव से बिनती की कि वे उसके लिए एक घर बना दें। 'हमें घर क्यों चाहिए?' शिव ने विस्मित होते हुए पूछा। 'गर्मियों में मैं बरगद के पेड़ की छाया में बैठता हूँ, सर्दियों में श्मशानों की आग मुझे गर्मी देती है। बरसात के मौसम में मैं उड़ कर बादलों के ऊपर जा बैठता हूँ।'

पार्वती अपने पति शिव की सनक बर्दाश्त करती है और अपने बल पर अपने बच्चों की देखभालि करती है। वह उज्ज्वल और प्रसन्न-चित्त गौरी

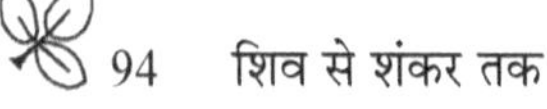

बन जाती है, जो अपने पति की कोई सहायता या सहारे के बिना अपने घर की देखरेख करती है। भारत में स्त्रियाँ गौरी की पूजा करती हैं, क्योंकि वह वैवाहिक सहनशीलता का प्रतिनिधित्व करती है।

विश्वासघात
(लोककथा)

पार्वती अक्सर शिव से लड़ती थी, क्योंकि वे कभी अपने बच्चों की तरफ़ ध्यान नहीं देते थे। वे लगातार या तो समाधि लगाने या गांजा-भांग पीने के लिए चले जाते थे। पार्वती को अकेले परिवार की देखभाल करनी पड़ती थी। एक बार पार्वती की निरन्तर कलह से तंग आकर शिव देवदार के वन में चले गये। पार्वती एक आदिवासी कन्या का भेस धर कर उनके पीछे-पीछे वहाँ जा पहुँची। वहाँ शिव को पार्वती की याद सताने लगी। उसकी कमी उन्हें बुरी तरह खलने लगी। अचानक उन्होंने पाया कि एक आदिवासी कन्या उन्हें ताक रही है। वह उन्हें पार्वती की याद दिला रही थी। कामना के वशीभूत होकर उन्होंने उस कन्या का पीछा किया और उसे अपने साथ सम्भोग करने के लिए विवश किया। कन्या हँसी, फिर रोयी, फिर उसने अपनी असली पहचान उजागर की और शिव पर विश्वासघात का आरोप लगाया। शिव ने उसे समझाने की कोशिश की, लेकिन वह सान्त्वना से परे थी। शान्त होने के लिए पार्वती ने मानसरोवर झील में नहाने का फ़ैसला किया। जब वह किनारे पर लौटी तो उसने पाया कि चूहों ने उसकी चोली कुतर डाली थी। उसी समय उसे यह देखकर बहुत प्रसन्नता हुई कि एक दर्ज़ी पास से गुज़र रहा था। वह पार्वती की चोली को रफ़ू करने के लिए तैयार हो गया अगर वह उसे इस काम के लिए पैसे दे दे। 'लेकिन मैं तो एक दरिद्र तपस्वी की पत्नी हूँ,' पार्वती ने कहा। 'इस हालत में मुझे एक आलिंगन से भुगतान कर देना,' दर्ज़ी ने कहा।

अन्नपूर्णा या गौरी के रूप में देवी की पूजा काशी में होती है। काशी में बर्फ़ पिघलकर गंगा नदी के रूप में बहती है, वहाँ जीवन और मृत्यु, दोनों हैं। काशी कैलाश से भिन्न है। वहाँ शिव देवी के बिना हैं। उनके चारों तरफ़ शान्ति और बर्फ़ है। न जीवन है, न मृत्यु। देवी का उदार, दयालु रूप जिसे मंगला या बिमला भी कहते हैं, काली या चण्डी जैसे देवी के रक्त-पिपासु, प्रचण्ड, आतंककारी रूप से बिलकुल विपरीत है।

पार्वती मान गयी। जब चोली तैयार हो गयी तो दर्ज़ी ने अपना मेहनताना माँगा और पार्वती ने उसकी इच्छा पूरी की। प्रणय-लीला के बाद दर्ज़ी ठठा कर हँस पड़ा। दर्ज़ी शिव ही थे। 'तुम मुझसे किसी भी तरह अलग नहीं हो,' उन्होंने कहा। 'मैं हूँ,' पार्वती चिल्लायी, 'आपने वासना के वशीभूत होकर विश्वास तोड़ा था। मैंने दरिद्रता के कारण।'

समय-समय पर देवी यह सुनिश्चित करती है कि शिव उसके महत्त्व को पहचानें जैसा कि आगे दी गयी कथा में वर्णित है।

अन्नपूर्णा की रसोई
(काशीस्थल पुराण)

एक बार शिव ने कहा कि उन्हें पत्नी की ज़रूरत नहीं है। सो, पार्वती कैलाश पर्वत छोड़कर चली गयी। कुछ समय बाद शिव को भूख लगी। ऐसी स्थिति में वे आम तौर पर पार्वती के पास जाते थे। लेकिन इस बार वह वहाँ थी ही नहीं। और रसोई में खाने को कुछ भी नहीं था। समय के साथ भूख बर्दाश्त से बाहर होने लगी; शिव न तो समाधि लगाकर मनन कर सकते थे, न चैन से बैठ पा रहे थे। हताश होकर वे भोजन की खोज में तीनों लोकों में घूमे। दिन बीतने के साथ उन्हें देवी के महत्त्व का आभास होने लगा, कैसे वह आत्म-ज्ञान की खोज कर रहे जीव का पोषण करती थी। जब शिव ने सुना कि देवी ने काशी में एक रसोईघर स्थापित किया है तो वे एक भिक्षा-पात्र लेकर भागते हुए वहाँ पहुँचे। उन्होंने क्षमा माँगी और पार्वती से अनुरोध किया कि वह उन्हें खाने को दे। पार्वती ने उनके भिक्षा-पात्र को भर दिया और शिव ने जी भर कर खाया। शिव ने पार्वती को अन्नपूर्णा घोषित किया—भोजन की देवी—और उसे कैलाश पर्वत ले गये ताकि वह अपनी रसोई वहाँ के हिम-मण्डित परिवेश में स्थापित करे।

जहाँ शिव को अक्सर आधी नारी के रूप में कल्पित किया जाता है, देवी को कभी आधे पुरुष के रूप में नहीं दिखाया जाता। ऐसा इसलिए, क्योंकि देवी पदार्थ का प्रतिनिधित्व करती है। वह वस्तु है। वह निरीक्षण है। वह अकर्मक है। कर्म देखने वाले को करना है, विषय को, आत्मा को, जिसका प्रतिनिधित्व कला में पुरुष के रूप में किया जाता है।

एक कथा के अनुसार जब पार्वती ने शिव को भोजन दिया तो उन्होंने इतना कस कर उसका आलिंगन किया कि उनका आधा शरीर देवी से जुड़ गया। इससे शिव का अर्धनारीश्वर का रूप बना।

अभिशप्त भृंगी
(तमिल मन्दिर कथा)

भृंगी शिव का एक भक्त था इसलिए वह उनकी परिक्रमा करना चाहता था, लेकिन उनकी पत्नी की नहीं। 'हम अलग-अलग नहीं, एक के दो अर्द्धांश हैं,' पार्वती ने कहा जो शिव की बायीं गोद में बैठी थी और भृंगी के अकेले शिव की परिक्रमा करने में बाधक थी। भृंगी ने एक उड़ने वाले कीट का रूप लिया और उनके सिरों के बीच से उड़ कर जाने की कोशिश की। पार्वती ने अपने शरीर को शिव के शरीर से इस तरह जोड़ लिया कि वह शिव का बायाँ हिस्सा बन गयी। तब भृंगी ने एक रेंगने वाले कीड़े का रूप लिया और शिव के शरीर के दो आधे हिस्सों के बीच से छेद करके जाने का प्रयास किया। भृंगी की उद्दण्डता और पार्वती को स्वीकार न करने के उसके हठ से कुपित होकर पार्वती ने भृंगी को शाप दिया। 'तुम अपने शरीर के वे सभी अंग खो बैठोगे जो स्त्री से तुम्हें मिले हैं,' वह चिल्लायी। भृंगी का शरीर तत्काल मांस और रक्त विहीन हो गया। उसके शरीर में हड्डियों और शिराओं के सिवा कुछ नहीं बचा। भृंगी धरती पर गिर गया और उसने पाया कि वह खड़ा भी नहीं रह पा रहा। उसे देवी की महत्ता का बोध हो गया। उसे और उस जैसे दूसरों को यह याद दिलाने के लिए कि शिव अपनी पत्नी के बिना अधूरे हैं, पार्वती ने भृंगी को फिर से उसका पुराना रूप देने से इनकार कर दिया। इसकी बजाय शिव ने भृंगी को तीसरी टाँग दे दी ताकि वह तिपायी की तरह खड़ा हो सके।

भृंगी ने देवी के महत्त्व को अस्वीकार करने का प्रयास किया, इसीलिए उसके शरीर का सारा मांस और रक्त खींच लिया गया। सीधे खड़े होने के लिए उसने शिव से हड्डी की एक तीसरी टांग देने की बिनती की।

शिव की शुद्धता और पार्वती की व्यावहारिकता का सन्तुलन संसार की व्यवस्था को सन्तुलित करता है। शिव सत्य हैं, किसी भी तरह की सीमाबद्ध परिभाषा से परे। पार्वती वास्तविकता है, जहाँ स्थान और समय संसार को नाम और रूप प्रदान करते हैं और यह सुनिश्चित करते हैं कि क्या आध्यात्मिक है और क्या भौतिक, क्या उचित है और क्या अनुचित। पार्वती शिव के वीर्य को अपने गर्भ में धारण करती है और दैवी रहस्य को समृद्धि और ज्ञान, मस्तिष्क और बल के मूर्त रूपों में रूपान्तरित करती है।

बंगाल में प्रचलित शिव और शक्ति की सन्तानों के प्रतीक

देवी/देवता	लिंग	रूप	प्रकृति	भूमिका
लक्ष्मी	स्त्री	पत्नी	चंचल	समृद्धिदायक
सरस्वती	स्त्री	कुमारी/विधवा	सौम्य	ज्ञानदात्री
गणेश	पुरुष	विद्वान/पुरोहित	चतुर	विघ्न दूर करने वाले
कार्तिकेय	पुरुष	योद्धा	शक्तिशाली	असुरों को मारने वाले

देवी शिव के बगल में बैठती हैं और उनके भोले, अबोध स्वभाव को इस तरह संयमित करती हैं कि वह समाज का हित-साधन करता है। वह शिव की दृष्टि को श्रेणी और स्तर के मापदंड से परिचित कराती हैं। वह उन्हें दर्शक और दृश्य के बीच के अन्तर को समझने के लिए प्रेरित करती हैं। जब शिव की अबोधता उन्हें मुसीबत में डाल देती है तो वह नुकसान को ठीक करने के लिए कठिन उपाय करती हैं।

उन तत्वों का अर्थ जिनसे शिव के उपासना-स्थल के विभिन्न अंग बने हैं। उद्देश्य है प्रतीक-रूप में उन विभिन्न तत्वों का प्रतिनिधित्व हो जिनसे शैव दर्शन बना है।

३. शिव की अनुकम्पा

तपस्वी कहे जाने वाले शिव शंकर कहे जाने
वाले कृपालु और सुलभ गृहस्थ बन जाते हैं

शिव की अनुकम्पा

देवी के अपनी बगल में रहने पर शिव पहले की तरह संसार के दुखों से उदासीन नहीं रहते। उनकी आँखें खुली रहती हैं। वे देखते हैं, सुनते हैं, क्रिया-प्रतिक्रिया करते हैं। उनकी कान्ति और तेज संसार का पोषण करता है। भक्त उन्हें आनन्द के स्रोत, शंकर; आनन्द के निवास, शम्भु, और सरलता से सन्तुष्ट होने वाले, आशुतोष के रूप में स्वीकार करते हैं।

चोर द्वारा बिल्व पत्तों का चढ़ावा
(शिव पुराण)

इस बार चोर पहले जैसा भाग्यशाली नहीं साबित हुआ। गाँववालों ने उसके लिए जाल बिछाया था और उसे रंगेहाथों पकड़ा था। वह किसी तरह उनके शिकंजे से निकल भागा था, लेकिन गाँववालों ने उसे सबक सिखाने के संकल्प से उसका पीछा किया। वे पूरे गाँव और खेतों में दौड़ाते हुए जंगल के भीतर तक उसका पीछा करते रहे। लेकिन चोर ने जंगल की घनी झाड़ियों और झुरमुटों में छिप कर उनसे अपना पीछा छुड़ा लिया था।

लेकिन उसकी मुसीबतें अभी दूर नहीं हुई थीं। अभी मुश्किल से साँस ली थी कि उसने एक धीमी, भयंकर गुर्राहट सुनी। जल्दी ही वह फिर भागने को मजबूर हो गया। इस बार एक भूखा जंगली जानवर उसका पीछा कर रहा था। उसकी टांगें जवाब देने लगी थीं और वह उस जानवर से बचने के लिए, जिसके भूखे जबड़े उसकी एड़ियों पर किटकिटा रहे थे, लपक कर एक पेड़ पर चढ़ गया।

सारी रात वह उस पेड़ पर चढ़ा रहा और इस डर से नहीं सो पाया कि कहीं जंगली जानवर ऊपर चढ़ कर उसे अपना भोजन न बना लें। जब वह उन्हें नीचे चक्कर लगाते सुनता, वह इस आशा में पेड़ की डालियों को ज़ोर से हिलाता कि ऐसा करके वह उन्हें डरा कर भगा देगा।

वह नहीं जानता था कि जिस बिल्व के पेड़ पर वह जा चढ़ा था उसके नीचे एक शिवलिंग स्थापित था। जब वह डालियों को हिलाता तो बिल्व की पत्तियों की एक हल्की बौछार शिवलिंग पर पड़ती। इसके अलावा, वह रात घटते चन्द्रमा की तेरहवीं रात थी और सभी देवता और दानव रीति के अनुसार शिव का आह्वान कर रहे थे।

अनजाने में चोर भी बिल्व की पत्तियों को शिवलिंग पर गिरा कर शिव को चढ़ावा चढ़ा रहा था। इतना शिव को सन्तुष्ट करने और उनके हृदय में चोर के लिए जगह बनाने के लिए काफ़ी था।

स्वास्थ्य और उपचार के हिन्दू विज्ञान, आयुर्वेद के अनुसार बिल्व शान्तिदायक होता है। उसकी पत्तियाँ शिव के तप को रस में बदलती हैं, जो उनकी कृपा से भौतिक जगत में रिस कर चला जाता है। बिल्व पत्र शिव के लिए देवी के प्रेम के भौतिक प्रतीक भी होते हैं।

लक्ष्मी का वक्ष

(उड़िया लोककथा)

एक बार समृद्धि और सम्पन्नता की देवी लक्ष्मी ने शिव को कमल की एक हज़ार कोमल कलियाँ चढ़ाने का फ़ैसला किया। स्वर्ग में देवता उसकी भक्ति से प्रभावित हुए, लेकिन वे यह जानने के लिए बड़े उत्सुक भी थे कि लक्ष्मी अपनी प्रतिज्ञा पूरी करने के लिए कितनी दूर तक जायेगी। उन्होंने उसकी परीक्षा लेने की ठानी और यह सुनिश्चित किया कि उसे कमल की सिर्फ़ ९९९ कलियाँ

मिलें। सारे प्रयत्न करके लक्ष्मी एक अतिरिक्त कली नहीं खोज पायी जिससे अपना चढ़ावा पूरा कर सके।

अब स्थिति यह थी कि लक्ष्मी सौन्दर्य और लावण्य की प्रतिमा थी जिसके गुण अनेक कवियों ने गाये थे। लक्ष्मी को याद आया कि कैसे एक कवि ने उसके वक्ष की तुलना कमल की कोमल कलियों से की थी। हर हाल में अपनी प्रतिज्ञा पूरी करने के उद्देश्य से लक्ष्मी ने अपने एक वक्ष को शिवलिंग पर चढ़ा दिया। शिव उसकी भक्ति से बहुत प्रभावित हुए और उन्होंने उसके एक वक्ष को गोल और रसीले बिल्व फल में बदल दिया। शिव ने घोषित किया कि आगे से वे कोई चढ़ावा स्वीकार नहीं करेंगे जब तक वह बिल्व की पत्तियों के साथ नहीं चढ़ाया जाता।

लक्ष्मी देवी का एक रूप है। उसकी कल्पना लाल रेशमी वस्त्रों, स्वर्ण, मोतियों और हीरों से मण्डित सुनहरी अप्सरा के रूप में की गयी है, जो अपने हाथ में सम्पदा का पात्र लिये कमल के आसन पर बैठी है। बंगाल की लोक परम्परा के अनुसार वह पार्वती की पुत्री है। उसके पति विष्णु हैं, ईश्वर के अधिक सांसारिक रूप। विष्णु जगत में शान्ति लाते हैं और लक्ष्मी समृद्धि लाती है। लक्ष्मी के वक्ष को एक उचित चढ़ावा मान कर शिव भौतिक संसार पर अपनी कृपा की गुष्टि करते हैं।

शिव संसार में धर्म की संस्थापना के उद्देश्य से विष्णु का समर्थन भी करते हैं। शिव विष्णु को सबसे शक्तिशाली और घातक अस्त्र—सुदर्शन चक्र—प्रदान करते हैं। जब विष्णु ब्राह्मण परशुराम का अवतार लेते हैं तो शिव ही हैं जो उन्हें युद्ध की कला सिखाते हैं, ताकि विष्णु उन सारे दुष्ट राजाओं का संहार कर सकें जो धरती पर राज करते हैं। किंवदन्ती है कि परशुराम ने ही उस युद्ध-कला को केरल के नायर योद्धाओं को सिखाया था, जिसे आज कलारिपट्टु कहा जाता है। नायर योद्धाओं ने अपनी बारी में उसे बौद्ध भिक्षुओं को सिखाया जिन्होंने चीन जाकर उसे अब लोकप्रिय युद्ध-कला कराटे में रूपान्तरित कर दिया।

भारत के अनेक हिस्सों में, गाँवों की रक्षा करने वाले और ग्रामीण शूर, जैसे आन्ध्र प्रदेश में मल्लाना और महाराष्ट्र में खण्डोबा, शिव के स्थानीय अवतार माने जाते हैं। सांसारिक मामलों में शिव की हिस्सेदारी देखकर आम आदमी ने शिव को संरक्षक के रूप में देखा। वे शूरवीरों के स्वामी, दुर्बलों के रक्षक और दुष्टों के विनाशक, वीरेश्वर के रूप में प्रसिद्ध हो गये। महाभारत में द्रुपद और अर्जुन जैसे योद्धा शत्रुओं को मारने के लिए और अस्त्र-शस्त्र का वर माँगने के लिए शिव का आह्वान करते हैं।

पाशुपतास्त्र
(महाभारत)

पाशुपत नामक अस्त्र में एक हज़ार जंगली जानवरों की शक्ति थी। इसलिए आश्चर्य की कोई बात नहीं थी कि सर्वोत्तम योद्धा अर्जुन पाशुपतास्त्र पाने का इच्छुक था। उसके शस्त्रों का भण्डार पाशुपतास्त्र के बिना अधूरा था। इस अस्त्र को प्राप्त करने का संकल्प बाँध कर अर्जुन ने बालू का एक शिवलिंग स्थापित किया और शिव का आह्वान शुरू किया। दिन-रात वहाँ बैठा तपस्या करता और शिव के नाम का जाप करता हुआ, वह एकाग्रता और भक्ति की मूरत दिखायी देता था। देवता भी उसके संकल्प से प्रभावित थे और उम्मीद करते थे कि शिव अर्जुन को वह वर दे देंगे जिसे पाने के लिए वह तप कर रहा था।

एक दिन एक जंगली वराह भोजन की खोज में घुरघुराता हुआ, भटकता-घूमता, शिवलिंग के पास चला आया। इस हस्तक्षेप पर क्रुद्ध होकर, अर्जुन ने अपना धनुष उठाया और उस वराह को मार गिराया। जब अर्जुन उस जानवर के निकट पहुँचा तो उसे यह देखकर बड़ा आश्चर्य हुआ कि उस पशु की देह में एक नहीं दो तीर धंसे हुए थे। अर्जुन वहाँ अभी चकराया हुआ खड़ा था कि एक आदिवासी योद्धा की पत्नी ने आकर यह कहते हुए उस वराह पर अपना अधिकार जमाया कि उसके पति के तीर से वह

पशु मारा गया था। स्त्री ने यह भी कहा कि उस जंगली वराह के दाँत भी न्यायपूर्ण ढंग से उनके थे।

अर्जुन आपे से बाहर हो गया। उसने उस पशु को देने से मना कर दिया और आदिवासी योद्धा को लड़ने की चुनौती दे डाली। अर्जुन का प्रतिद्वन्द्वी उसकी तुलना में कहीं भारी साबित हुआ। इसके अलावा उसके अन्दर असीम ऊर्जा भी जान पड़ती थी। अर्जुन के हर वार से वह उछल कर उठता और अगले वार के लिए तैयार रहता। अब अर्जुन थकने लगा। हताशा में उसने कुछ जंगली फूल नोचे और उन्हें उस शिव-लिंग पर चढ़ा दिया जिसकी वह पूजा करता रहा था। तत्काल उसके अन्दर ऊर्जा भर गयी और वह नये सिरे से उस आदिवासी योद्धा को चुनौती देने के लिए लपका।

लेकिन जब उसने देखा कि जो फूल उसने शिव-लिंग पर चढ़ाये थे, वे उस आदिवासी योद्धा के सिर को सुशोभित कर रहे थे, तो वह ठिठका खड़ा रह गया। तब उसे आभास हुआ कि यह योद्धा स्वयं शिव थे और उनकी पत्नी देवी पार्वती थी। अपना धनुष धरती पर फेंक कर उसने बड़ी विनम्रता और आदर से शिव को प्रणाम किया। अर्जुन की भक्ति और वीरता से शिव बहुत प्रसन्न हुए। 'तुम सचमुच एक महान योद्धा हो। तुम पाशुपतास्त्र पाने के योग्य हो,' वे बोले।

यह कथा शिव को आदिवासी शिकारी के रूप में प्रदर्शित करती है और वनवासियों से जोड़ती है, जिन्हें वैदिक पुरोहित निचली जातियों के बहिष्कृत लोगों में गिनते थे, क्योंकि वे यज्ञ के नियमों को महत्त्व नहीं देते थे। यह उस युग की झाँकी है जब बाहरी देवता शिव धीरे-धीरे वैदिक मण्डल में स्वीकार किये जाने लगे थे। यह दूरस्थ भिक्षु, जिसे दक्ष के पुरोहितों ने बहिष्कृत किया था, अन्ततः वैदिक वीरों का संरक्षक बन गया। शिव कोई लम्बा-चौड़ा जाप या कर्मकाण्ड नहीं चाहते थे; इसके विपरीत, सहज सरल चढ़ावे के साथ सच्ची भक्ति की माँग करते थे।

शिकारी की एक आँख
(पेरियार पुराण)

सघन वन में एक गुफ़ा थी, जिसमें एक शिवलिंग स्थापित था। हर रोज़ एक पुजारी वन में उस गुफ़ा तक जाता और शिवलिंग की पूजा करता। वन ही में कणप्पन नामक एक शिकारी भी रहता था। वह भी शिव-भक्त था। धर्मशास्त्रों में वर्णित विधि से भगवान को चढ़ावा अर्पित करने वाले पुजारी के विपरीत कणप्पन शिव को अपने शिकार का सबसे अच्छा हिस्सा चढ़ाता।

शिकारी अज्ञानी और निरक्षर था। उसे शुद्धिकरण की विधियों और दूसरे कर्मकाण्डों का कुछ ज्ञान न था, न यही मालूम था कि कुछ कार्य उसके चढ़ावे को दूषित कर सकते थे। चूँकि उसके हाथ मारे गये शिकार के मांस में फँसे रहते, वह चढ़ावे के जल को अपने मुँह में भर कर ले जाता और फूलों को अपने सिर पर रख लेता।

न पुजारी शिव के प्रति अपनी भक्ति से डिगता, न शिकारी। ऊपर स्वर्ग में बैठे देवता इन दोनों को देखकर विस्मय करते और अटकलें लगाते कि इन दोनों में से कौन बड़ा भक्त था। तब शिव ने उन दोनों की परीक्षा लेने का फ़ैसला किया।

एक दिन जब दोनों भक्त गुफ़ा में घुसे तो उन्होंने पाया कि शिवलिंग पर दो आँखें उग आयी हैं। वे खुशी से फूले नहीं समाये, क्योंकि इसका एक ही मतलब था कि शिव उन्हें देखना चाहते थे। लेकिन उनकी प्रसन्नता जल्दी ही आतंक में बदल गयी, जब उनमें से एक आँख से खून बहने लगा। पुजारी तो डर कर चिल्लाया और इसे बुरा शकुन समझ कर, भाग खड़ा हुआ।

शिकारी इस दृश्य को देखकर व्याकुल हो गया। उसे विश्वास था कि उसके स्वामी को पीड़ा हो रही थी। वह दौड़ कर वन में गया और वहाँ से दवा की कुछ जड़ी-बूटियाँ ले आया और उसने

उन्हें उस आँख पर रख दिया जिससे खून बह रहा था। लेकिन कोई फ़ायदा नहीं हुआ और आँख से खून निकलता रहा। शिकारी इस बात को बर्दाश्त नहीं कर सका और उसने तय किया कि वह अपनी एक आँख निकाल कर शिवलिंग की उस आँख की जगह लगा देगा जिससे खून निकल रहा था। अपने छुरे से उसने अपनी एक आँख निकाली और उसे शिवलिंग पर लगा दिया। अभी उसने ऐसा किया ही था कि दूसरी आँख से भी खून बहने लगा। शिकारी पल भर भी नहीं हिचका। उसने अपनी दूसरी आँख भी निकालने की सोची। अपने पैर को शिवलिंग पर रख कर ताकि उसे पता रहे कि आँख ठीक-ठीक किस जगह लगानी है, उस अबोध भक्त ने अपनी दूसरी आँख भी काट कर निकाल दी।

उसी क्षण शिव कण्णप्पन के सामने प्रकट हुए और उसे हमेशा अपने पास एक जगह देने का वचन देते हुए गले से लगा लिया।

भारत के बहुत-से हिस्सों में शिवलिंग पर धातु का एक आवरण चढ़ा दिया जाता है, जिस पर मूँछों वाले एक पौरुष-सम्पन्न वीर का चेहरा बना होता है। प्रकट ही हर किसी को शिव का निराकार (और लैंगिक) प्रतीक पसन्द नहीं आता था। वे चाहते थे कि शिव का एक रूप हो—पौरुष-सम्पन्न वीर का।

निचली जाति के लोगों से शिव के जुड़ाव और कर्मकाण्ड के प्रति उनकी उपेक्षा ने उन्हें आम जन के बीच लोकप्रिय बना दिया। कथाओं में उनके अनुयायियों और गणों में सबके द्वारा बहिष्कृत भूत-प्रेत, पिशाच, बैताल, बौने, डायनें और चमगादड़ और दूसरी निरंकुश आत्माएँ शामिल हैं। शिव के गणों के समूह को एक बेलगाम, उच्छृंखल और उपद्रवी किस्म के अंकुशविहीन जत्थे के रूप में जाना जाता है, जिन्हें सच्ची और बिना शर्त स्वीकृति शिव से मिलती है। वे उनके साथ गांजा-भांग पीते हैं और उनकी असामाजिक या समाज-विरोधी हरकतों से कभी खीझते नहीं।

शायद यही कारण है कि शिव 1960 के दशक में हिप्पियों और 'फ़्लावर चिल्ड्रेन' के संरक्षक देवता बन गये थे। उन्होंने लीक से हट कर चलने वाले

सभी लोगों को छूट दी। जो समाज के बँधे-बँधाये ढाँचे में ढल नहीं पाये, उन्हें शिव ने अपने घेरे में जगह दी। शिव के प्रति उनके गणों का इतना लगाव था कि उन्हें शिव जो भी कहते, वे किसी शर्त के बिना करने को तत्पर रहते।

कीर्ति-मुख
(लिंग पुराण)

शिव का एक गण राहु नामक असुर को खाना चाहता था। जब देवताओं ने यह बात सुनी तो वे भाग कर शिव के पास गये और उनसे बिनती की कि किसी तरह उस गण को रोकें। 'राहु ब्रह्माण्ड में व्यवस्था के संरक्षण के लिए आवश्यक है, स्वामी! वह उन नौ ग्रहों में से एक है जो ज्योतिष के अनुसार नियति पर काल के प्रभाव को सुनिश्चित करते हैं। कृपया उसे उस भूखे गण से बचाइए।'

शिव ने बीच-बचाव करने के लिए सहमति दे दी। गण को अपने सामने बुलवाया और उसे राहु को खाने से रोक दिया। 'लेकिन मैं भूखा हूँ, स्वामी, मुझे कुछ तो खाना ही होगा,' गण ने बिनती की। 'अपने को खा लो,' शिव ने रूखा-सा उत्तर दिया।

गण सोचने के लिए नहीं रुका। बिना किसी हिचक के वह अपनी टाँगें खाने लगा, फिर अपनी बाँहें, अपना धड़...जब तक कि सिर्फ़ उसका सिर नहीं बचा। शिव उस गण की इस पूर्ण आज्ञाकारिता से बहुत प्रभावित हुए। गण की प्रशंसा करते हुए उन्होंने कहा, 'आज से तुम्हारा मुख मण्डपों, द्वारों और प्रवेश-स्थलों पर उनकी शोभा बढ़ायेगा। तुम कीर्ति-मुख हो। तुम सबके हृदय में झाँकोगे और पाखण्डियों और ढोंगियों की पोल खोलोगे। तुम उन लोगों को डरा कर भगा दोगे जो स्वागत-योग्य नहीं हैं।'

शिव-भक्तों में व्याघ्र-पद (बाघ जैसे पैरों वाले) सरीखे गण भी हैं, जिन्होंने

वर दिये जाने पर बाघ जैसे पैर माँगे ताकि वे काँटों और पत्थरों की चिन्ता किये बिना बन में अपने स्वामी के लिए बिल्व-पत्र इकट्ठे कर सकें। इसके अलावा देवताओं के समृद्ध कोषाध्यक्ष और यक्षों के राजा कुबेर भी हैं जिन्हें कभी-कभी सबक सिखाने की ज़रूरत पड़ती है।

गणेश का भोजन
(हिमालय की लोककथा)

पार्वती से विवाह करने के बाद तपस्वी शिव गृहस्थ बन गये थे। हालाँकि वे अपने परिवार के प्रति समर्पित थे, उनके रंग-ढंग बदले नहीं थे। पार्वती को यह बात बहुत खलती कि शिव अपने बच्चों के लिए उचित व्यवस्था नहीं करते थे। अक्सर वे भूखे रह

कुबेर यक्षों के राजा हैं, जो सम्पदा और कोष के रक्षक हैं। कुबेर का सम्बन्ध एक नेवले से है जिसके मुँह से रत्न निकलते हैं। कुबेर किसी पशु की नहीं, बल्कि मनुष्यों की सवारी करते हैं। वे उत्तरी दिशा के स्वामी हैं।

जाते और पार्वती बच्चों की दुर्दशा के प्रति शिव की उदासीनता को लेकर उनसे झगड़ती।

कुबेर इस सब को देखते और उन्हें अपने स्वामी पर दुख होता। एक दिन वे पार्वती से मिलने आये और उन्होंने गणेश को अपने घर पर भोजन करने का प्रस्ताव रखा। पार्वती का चेहरा शर्म और अपमान से लाल हो गया, लेकिन शिव को इसमें कुछ भी अनुचित नहीं लगा। गणेश एक अच्छा भोजन करने की सम्भावना से बहुत खुश हुए और अन्तत: पार्वती ने उन्हें कुबेर के घर जाने दिया।

कुबेर ने गणेश के लिए दिव्य और भरपूर भोजन की व्यवस्था की। गणेश ने जल्दी ही उसे खा-पी कर खत्म कर दिया और फिर और भोजन माँगा। दूसरी बार जो खाना परोसा गया, उस पर भी गणेश उत्साह से टूट पड़े और उसे समाप्त करके और भोजन की माँग की। यह सिलसिला चलता रहा जब तक कि कुबेर के महल का रसोई-घर और भण्डारा पूरी तरह खाली नहीं हो गया। तिस पर भी गणेश की भूख शान्त नहीं हुई।

लेकिन कुबेर पीछे हटने को तैयार नहीं थे। उन्होंने धन की भारी राशि के बल पर तीनों लोकों से खाना मँगवाया। गणेश उसे भी मगन होकर उदरस्थ कर गये और फिर भी और खाने की माँग करते रहे।

जल्दी ही कुबेर का खज़ाना खाली हो गया और वे रुँआसे हो गये। 'मेरे पास अब देने को कुछ नहीं बचा है,' दरिद्रता की दीनता से लगभग रोते हुए कुबेर ने विनम्रता से कहा। 'अरे,' गणेश के हाथी जैसे चेहरे पर एक चौड़ी मुस्कान आ गयी, 'यह तो बिलकुल मेरे पिता के घर की तरह है।'

इस प्रसंग से शिक्षा लेकर कुबेर ने गणेश को प्रणाम किया। उन्हें यह बोध हो गया कि चाहे जितनी भौतिक सम्पदा हो, भूख को सचमुच सन्तुष्ट करना असम्भव है।

गणों और यक्षों की तरह शिव के भक्तों में राक्षस और असुर भी हैं। वैदिक परम्परा और परिपाटी में राक्षस दैत्य थे, क्योंकि वे जंगल के नियम-कानून पर चलते थे और असुर दैत्य थे, क्योंकि वे कंजूसी से ब्रह्माण्ड की सम्पदा को जमा करके रखते थे। शिव अपने अनुयायियों को देवता और दैत्य के रूप में देखने और जाँचने में असमर्थ हैं। वे सिर्फ़ सच्ची भक्ति से परिचालित होते हैं, जो बात देवताओं को बहुत खिझाती है।

कैलाश का स्थानान्तरण
(रामायण)

राक्षसराज रावण देवताओं का भीषण शत्रु था। अपने दस सिरों और बीस हाथों से वह हर दिशा में देख सकता था और आक्रमण कर सकता था। सभी की तरह वह भी शिव की कृपा का आकांक्षी था।

एक दिन उसने अपना एक सिर और एक बाँह काट दी और उससे एक वीणा बनायी। सिर को तम्बूरे की तरह इस्तेमाल करते हुए उसने अपनी बाँह उस पर लगा दी और नसों को तारों की तरह बजाते हुए उसने दिव्य संगीत बजाना शुरू किया। शिव की स्तुति करते हुए, रावण इस वीणा को रोज़ बजाता।

शिव उसकी भक्ति से प्रभावित होकर उसके सामने प्रकट हुए। 'जो वर माँगना चाहो, माँगो, तुम्हें दिया जायेगा,' शिव ने राक्षसराज से कहा। 'स्वामी, मेरे लिए आपसे प्रिय और कोई नहीं है। मेरी इच्छा है कि आप स्थायी रूप से मेरे राज्य में निवास करें,' रावण ने जवाब दिया। रावण की प्रसन्नता का ठिकाना न रहा जब शिव राज़ी हो गये। रावण ने कैलाश पर्वत को उठा लिया और लंका द्वीप में अपने राज्य की ओर ले चला।

देवता इस सारे घटनाक्रम को आतंकित होकर देख रहे थे। वे जानते थे कि शिव को अपने पक्ष में लेकर रावण सचमुच अजेय हो जायेगा। अगर रावण को संसार पर राज करने की शक्ति मिल गयी, तो यह देवताओं के विनाश का कारण होगा।

उसे किसी तरह रोकना ही था। देवताओं ने सागर के देवता वरुण से सहायता माँगी।

कैलाश पर्वत को उठा कर लंका ले जाते हुए, रावण को आभास हुआ कि उसका मूत्राशय भरता जा रहा है। दबाव इतना अधिक हो गया कि रावण को डर लगा कि अगर उसने मूत्र-विसर्जन नहीं किया, तो वह अपने शरीर को गन्दा कर लेगा। उसे हर स्थिति में कैलाश पर्वत को नीचे रख कर झाड़ियों में जा कर मूत्र-विसर्जन करना ही था। जैसे ही उसने यह किया, उसकी कुटिल योजना विफल हो गयी और शिव का निवास अपने मूल स्थान हिमालय में पहुँच गया।

शिव के वरों ने असुरों और दैत्यों को शक्तिशाली बना दिया। लेकिन उनके पुत्र, खासकर स्कन्द, ने युद्ध में देवताओं का नेतृत्व किया ताकि वे असुरों को पराजित करके ब्रह्माण्ड की सम्पदा मुक्त कर सकें। प्रकृति की शक्तियों और जवाबी शक्तियों का तनाव जीवन-चक्र को गति प्रदान करता है। नीचे दी गयी कथा में शिव ने एक शक्तिशाली असुरराज की मदद करके धरती पर अराजकता फैलायी। इस हानि से निपटने के लिए देवताओं को विष्णु की सहायता लेनी पड़ी।

बाण

(भागवत पुराण)

जब शिव समाधि में लीन हो जाते तो वे कई-कई वर्षों के लिए चले जाते। पार्वती घर पर अकेली रह जाती और किसी साथी की लालसा में आँसू बहाती रहती। असुरराज बाण ने इस स्थिति में शिव को प्रसन्न करने का एक अवसर देखा और अपनी बेटी उषा को पार्वती की संगिनी के रूप में भेज दिया।

फल साफ़ था। शिव बहुत प्रसन्न हुए और उन्होंने बाण को पुरस्कार के रूप में हज़ार बाँहें प्रदान कीं। इस वर को पाकर बाण

उल्लास से भर उठा और उसने उन हज़ार बाँहों के बल पर पृथ्वी को आतंकित करना शुरू कर दिया। देवता इस सारे घटनाक्रम को व्याकुल होकर देखते रहे। अत्याचार, उपद्रव और पीड़ा बर्दाश्त न कर पाने पर, देवता विष्णु के पास गये और बाण को पराजित करने के लिए उनकी सहायता माँगी।

विष्णु ने धरती पर कृष्ण का अवतार लिया। बाण की युवा पुत्री कृष्ण के पौत्र अनिरुद्ध को देखकर मोहित हो गयी। जब बाण को यह बात पता चली तो वह क्रोध से भर उठा और उसने अनिरुद्ध को बन्दी बना लिया। यही वह अवसर था जिसकी प्रतीक्षा कृष्ण कर रहे थे। उन्होंने बाण के राज्य पर चढ़ाई कर दी और भयंकर संघर्ष के बाद बाण को मार दिया।

कृष्ण ने अपने पौत्र को मुक्त कराया और उषा और अनिरुद्ध का विवाह धूमधाम से हुआ। उन्हें बाण के राज्य का राजा और रानी बना दिया गया और दोनों ने मिल कर धर्म के राज्य की स्थापना की।

जहाँ शिव ईश्वर के उस पक्ष का प्रतिनिधित्व करते हैं जो सामाजिक श्रेणियों और सांस्कृतिक संरचनाओं के पार और परे जाकर प्रकृति के अधिक निकट है, विष्णु ईश्वर के उस पक्ष का प्रतिनिधित्व करते हैं जो संस्कृति के और धर्म—उचित आचरण के नियम और विधि—की संस्थापना और उसके निर्वाह के अधिक निकट है। उनके नियम यह सुनिश्चित करते हैं कि प्रकृति और समाज में क्या उचित है, क्या नहीं। इसलिए, शिव के विपरीत, विष्णु के यहाँ स्तर और मूल्य हैं। वे सांसारिक कार्य-व्यापार में कहा जाये कि अधिक उत्तरदायित्व के साथ हिस्सेदारी करते हैं। यह उनके निजी रूपों में सबसे अच्छी तरह अभिव्यक्त होता है। जहाँ शिव एक तपस्वी के रूप में प्रकट होते हैं, जो समाज का हिस्सा बनने में न तो कोई रुचि दिखाते हैं, न प्रयास ही करते हैं, विष्णु एक योद्धा-सम्राट के रूप में प्रकट होते हैं जो समाज का हिस्सा हैं।

जब हिन्दुत्व कम कर्मकाण्डी और अधिक ईश्वरवादी बना और इन्द्र तथा अग्नि जैसे पुराने वैदिक देवताओं का महत्त्व कम हुआ, तब दो विश्वास-परम्पराएँ सामने आयीं जो उस-उस दैवी व्यक्तित्व से जुड़ी थीं जिसे ईश्वर का प्रतिनिधित्व करने के लिए चुना गया था। शैवों के लिए तपस्वी शिव में ईश्वर का सर्वोच्च-सम्पूर्ण रूप प्रकट हुआ है। उधर वैष्णवों के लिए विष्णु ईश्वर के सर्वोच्च-सम्पूर्ण प्रतिनिधि हैं। दोनों विश्वास-परम्पराओं के बीच मत-मतान्तर और होड़ लगभग शत्रुता की सीमा तक पहुँचती रही। वैष्णवों ने शैवों के साथ खाना या उनमें शादी-ब्याह और दूसरे सामाजिक कर्म करने से साफ़ मना कर दिया। यही नहीं, वैष्णव अपनी पहचान अलग करने के लिए मस्तक पर खड़े तिलक लगाने लगे। जवाब में शैवों ने मस्तक पर आड़े तिलक लगाकर अपनी पहचान वैष्णवों से अलग कर ली। कथाओं में भी शिव को विष्णु से बड़ा दिखाने के अनेक प्रयास किये गये।

शिव और विष्णु का अन्तर

	शिव (हर)	विष्णु (हरि)
निवास	हिम-मण्डित पर्वत	क्षीर सागर
वस्त्र	पशु चर्म	रेशमी परिधान
प्रसाधन	भस्म	चन्दन
अलंकरण	सर्प और मनके	फूल और स्वर्ण
ईश्वर, ब्रह्मा, के सृजनात्मक पक्ष से सम्बन्ध	ब्रह्मा के कपाल को अपने भिक्षा-पात्र की तरह लिये रहते हैं	जो कमल उनकी नाभि से उगता है वह ब्रह्मा को जन्म देता है
चढ़ावा	कच्चा दूध	मक्खन

दक्षिण भारत में शिव-पूजक और विष्णु-पूजक सम्प्रदायों के बीच मध्य युग में होड़ इस सीमा तक पहुँची कि विष्णु की तुलना में शिव की महत्ता सिद्ध करने वाली कथाएँ रची गयीं और इसका उलट भी हुआ। कहा जाता है कि शिव ने विष्णु के सबसे हिंसक और दानवी रूप नरसिंह को वश में करने के लिए शरभ का अवतार लिया था।

शरभ

(शिव पुराण)

असुर हिरण्यकशिपु अजेय था। उसने ब्रह्मा से वर प्राप्त किया था जिसने उसे अत्यन्त शक्तिशाली बना दिया था। ब्रह्मा को प्रसन्न करने के लिए कठोर तपस्या करने के बाद उसे स्रष्टा ने वर दिया था कि वह सिर्फ़ ऐसे जीव के हाथों मरेगा जो न पुरुष हो, न पशु। यह जानते हुए कि ऐसा जीव धरती पर कहीं पाया नहीं जा सकता, हिरण्यकशिपु ने आतंक मचा दिया।

विष्णु हिरण्यकशिपु को पराजित करने के लिए धरती पर नरसिंह—आधे मनुष्य और आधे सिंह—के रूप में अवतरित हुए। लेकिन असुर का वध करने के बाद विष्णु ने इस भयंकर अवतार को त्यागने से इनकार कर दिया। ऐसा लगता था मानो जिस असुर का वध उन्होंने किया था, वह उन पर हावी हो गया था और उनके भयंकर आक्रोश ने संसार में मार-काट और उपद्रव मचा दिया।

नरसिंह को किसी-न-किसी तरह रोकना ज़रूरी था और तब देवताओं ने शिव से हस्तक्षेप करने की बिनती की। शिव ने तब एक दानवी जीव—शरभ—का रूप लिया, जिसका एक हिस्सा पशु का और एक पक्षी का था, आठ पैर, विशाल पंजे और नख थे। फिर शरभ ने धरती हिला देने वाले चीत्कार के साथ उड़ान भरी, नरसिंह को अपने शक्तिशाली पंजों में जकड़ा और वश में कर लिया।

इस तरह शिव ने विष्णु को विवश किया कि वे उस अवतार को त्याग दें जो अपने उद्देश्य को पूरा कर चुका था।

अपने धर्म-ग्रन्थों में वैष्णव विष्णु को शिव से बड़ा सिद्ध करने के लिए उतने ही कटिबद्ध थे। उनके बीच होड़ बहुत तीखी और तीव्र होती चली गयी। आज भी विष्णु के प्रमुख उपासना-स्थलों में, जैसे तिरुपति के बाला जी मन्दिर में,

शिव या उनकी सन्तान की कोई प्रतिमा नहीं है। यहाँ तक कि गणेश को भी किसी धार्मिक कृत्य के आरम्भ में स्वीकार नहीं किया जाता। उनकी जगह विष्णु के सन्देशवाहक विश्वाकसेन का आह्वान होता है।

भस्मासुर

(विष्णु पुराण)

एक असुर ने अपने दुष्टता-भरे मन में भयंकर महत्त्वाकांक्षा पाल रखी थी। वह सर्वशक्तिमान बनना चाहता था, लेकिन उसे मालूम था कि इसके लिए उसे विशेष शक्तियों की ज़रूरत होगी। उसने कठोर तपस्या की और शिव को प्रसन्न किया।

'तुमने अपनी भक्ति से मुझे प्रसन्न किया है,' शिव ने कहा। 'जो चाहो वर माँगो और वह पूरा होगा।'

यही तो वह असुर सुनना चाहता था। 'अगर मैं किसी के सिर पर हाथ रखूँ तो वह भस्म हो जाये, स्वामी।' अपने वचन से बँधे शिव ने कहा, 'तथास्तु।'

कुटिल और चालाक असुर अपनी नयी मिली शक्ति की परीक्षा करके देखना चाहता था और उसने इसे शिव पर ही आज़माने का फ़ैसला किया। शिव को उस असुर के कुटिल इरादों का आभास बहुत देर से हुआ और जब असुर ने उनका पीछा किया तो उन्हें जान बचा कर भागना पड़ा। विष्णु इस सारे कार्य-व्यापार को विस्मय से देख रहे थे। वे जानते थे कि शिव भयंकर संकट में हैं। उन्होंने हस्तक्षेप करने का फ़ैसला किया और अरूप सुन्दरी मोहिनी का रूप धरा।

मोहिनी ने शिव का पीछा करते असुर को रास्ते में रोक लिया। मोहिनी की जादू-भरी मुस्कान और सुन्दर देह ने असुर को लुभा लिया। कामना के वशीभूत होकर उसने उस मायाविनी अप्सरा से बिनती की कि वह उससे विवाह कर ले। 'तभी करूँगी अगर तुम मेरी तरह नृत्य करके दिखाओगे,' मोहिनी ने लजाते

हुए बहुत हाव-भाव से कहा और असुर प्रसन्नता से मान गया। मोहिनी ने तब अत्यन्त मनो-मुग्धकारी मुद्राओं के साथ लहराना और नृत्य करना शुरू किया। असुर ने भी उसकी मुद्राओं और हाव-भाव को वैसे ही करके दिखाना शुरू किया। असुर ने मोहिनी के नृत्य की हर गति और अंग-संचालन को, हर मुख-मुद्रा को यहाँ तक कि उसकी आँखों की चंचल गति को भी ठीक वैसे ही करके दिखाया जैसे मोहिनी कर रही थी।

नृत्य में एक बिन्दु पर पहुँच कर मोहिनी ने बड़ी मनोहर मुद्रा में अपनी बाँह लहरायी और अपनी हथेली को अपने सिर पर रख लिया। वासना से अन्धे असुर ने भी ऐसा ही किया और पल भर में वह भस्म की ढेरी बन गया। और इस तरह, विष्णु ने मोहिनी का रूप धर शिव को उस भस्मासुर से बचाया।

अगली कथा में शिव ऐसे भोले, बुद्धू के रूप में हैं जो पुरुष और स्त्री में भेद नहीं कर पाते। यही कारण है कि उनका नाम ही भोलेनाथ पड़ गया है। यह विशेषता शिव को दुर्बल अथवा कम शक्तिशाली सिद्ध करने की बजाय उन्हें अपने भक्तों की नज़र में और भी प्रिय बना देती है। वे समझ लेते हैं कि शिव इतने विकसित हैं कि पुरुष और स्त्री का अन्तर शिव के लिए कोई अर्थ नहीं रखता। समाज ने जो लिंग-भेद लागू कर रखा है, वह शिव के लिए वायवी, अवास्तविक और अक्सर बनावटी है। उनका ध्यान यौन-भेद रहित, लिंग रहित आत्मा पर है, उस भौतिक, जैविक आवरण पर नहीं जिससे आत्मा ढँकी है। इससे शिव ऐसे प्रसंगों से जुड़ते हैं जिनसे देखने वाले को शिव यौन-परकता में दो-मार्गी प्रतीत होते हैं। इन कथाओं से समलैंगिक ऐन्द्रिकता का अभिप्राय लेना—चाहे सकारात्मक हो चाहे नकारात्मक—देखने वाले के बोध पर निर्भर करता है, जो सामाजिक मानदण्डों पर आधारित पूर्वाग्रहों और विधि-निषेधों से जन्मे होते हैं। शिव अपनी ओर से कुछ भी दर्शाते या प्रकट नहीं करते। उनका अन्तर हर तरह के सामाजिक मानदण्डों से मुक्त है।

मोहिनी विष्णु का मायावी रूप है। इस रूप से उन्होंने असुरों को लुभाया और सुनिश्चित किया कि अमृत सिर्फ़ देवताओं के हिस्से में ही आये।

मोहिनी का आलिंगन
(सबरीमलाई स्थल पुराण)

विष्णु ने मायाविनी अप्सरा मोहिनी का रूप धरा था। उसका रूपाकार इतना लुभावना और मनोहर था, इतना मुग्ध कर देने वाला कि शिव का मन डोल गया। उन्होंने उसका आलिंगन किया और उनका वीर्य स्खलित हो गया। उनके मिलन से एक पुत्र मणिकण्ठ जन्मा।

मोहिनी ने शिशु मणिकण्ठ को सन्तानहीन चेर सम्राट को सौंप दिया। सम्राट इस पुत्र को पाकर बहुत प्रसन्न हुआ, जो उसके बाद गद्दी सँभालेगा। मणिकण्ठ राजकुमारों की तरह पाला-पोसा गया। वह एक प्रतिभाशाली युवक था और बहुत कुशल योद्धा बन गया। लेकिन उसने शिव के तपस्वी स्वभाव को भी जन्म के साथ पाया था।

मणिकण्ठ के गोद लिये जाने के कुछ साल बाद उसकी पालक माँ ने सम्राट के एक पुत्र को जन्म दिया। अब वह नहीं चाहती थी कि मणिकण्ठ सम्राट के बाद गद्दी पर बैठे। अपने बच्चे के लिए शक्ति और सत्ता को सुनिश्चित करने के लिए उसने एक गम्भीर रोग का बहाना किया। उसे भयंकर पीड़ा हो रही है, वह चिल्लाई, और बहुत देर जीवित नहीं बचेगी। सिर्फ़ बाघनी का दूध ही उसके जीवन को बचा सकता था, उसने कहा।

मणिकण्ठ ने उसे बाघनी का दूध ला देने का वचन दिया और तत्काल अपने अभियान पर निकल पड़ा। उसे बहुत दूर जाना पड़ा और घने वन पार करने पड़े जहाँ उस पर अनेक राक्षसों ने हमले किये। अविचलित और दृढ़ होकर उसने उन सबका सामना किया और सब को पराजित कर दिया और बाघनी का दूध लेकर राजमहल वापस आया।

यह पक्का करने के लिए कि वह पूरी तरह रोग-मुक्त हो जाये, मणिकण्ठ ने प्रसन्नता से सिंहासन पर अपना अधिकार त्याग

दिया। अपने स्वभाव के अनुरूप वह तपस्वी बन गया और अपना शेष जीवन उसने एक पर्वत पर बिता दिया, जहाँ से उसके पिता का राज्य नज़र आता था।

विष्णु संसार के रक्षक-पालक की अपनी भूमिका में दैवी अप्सरा मोहिनी का रूप धरते हैं। उन्हें धरती को गड़बड़ी फैलाने वाले राक्षसों से रहित करने के लिए वीर नायकों की आवश्यकता होती है। शिव के भोलेपन और अबोधता का लाभ उठा कर, उनकी बेलगाम कामना को प्रेरित करके, विष्णु अग्नि-मन्थक तपस्वी का वीर्य स्खलित करा देते हैं, जिससे योद्धा-देवता जन्म लेते हैं जैसे मणिकण्ठ।

शिव पुराण के अनुसार हनुमान वह पुत्र हैं जिनका जन्म शिव और मोहिनी के संगम से होता है। हिन्दू पुराकथा-शास्त्र में हनुमान अति-मानवीय शक्ति, बुद्धि, विनम्रता और अनुशासन से जुड़े हैं। शिव और विष्णु, दोनों के पुत्र असुरों का वध करते हैं और धरती के रक्षकों की भूमिका निभाते हैं। दोनों अति पौरुष-सम्पन्न हैं, तो भी ब्रह्मचारी हैं और स्त्री-संग से कतराते हैं। हनुमान वह तपस्वी योद्धा है जो स्त्रियों की पवित्रता की रक्षा करता है और पुरुषों को आश्रमवासी आदर्शों पर चलने की शक्ति प्रदान करता है। मणिकण्ठ वह तपस्वी योद्धा है जो पुरुषों को तभी आशीर्वाद और वरदान देता है जब वे अपनी इन्द्रियों पर नियन्त्रण प्रदर्शित करते हैं।

असुरों ने एक बार शिव और शक्ति के बीच अलगाव पैदा करने के लिए स्त्री-पुरुष में अन्तर न कर पाने की शिव की अक्षमता का लाभ उठाने की कोशिश की थी। उनका यह प्रयास विफल रहा था।

आदि वध

(मत्स्य पुराण)

आदि नामक असुर एक हत्यारे अभियान पर था। वह शिव का वध करना चाहता था। उसने पार्वती का रूप धरा और शिव का आलिंगन करना चाहा। वह पूरी तैयारी के साथ आया था। उसने

अपनी योनि में विषैले दाँत लगा रखे थे जिनके घातक विष से उसने शिव को मारने की योजना बना रखी थी। शिव जानते थे कि यह उनकी पत्नी पार्वती नहीं थी, बल्कि आदि नाम का असुर था, जो उनके लिए जाल बिछा रहा था। शिव ने इतने आवेग से सम्भोग किया कि आदि उनके प्रणय-ज्वार को सह नहीं पाया। शिव के पौरुष ने वज्र की तरह उसके अन्दर प्रवेश किया और देखते-देखते आदि शिव की बाँहों में निष्प्राण पड़ा था।

शिव इतने अबोध और भोले हैं कि वे चन्दन और भस्म में, बैल और सांड़ में, उद्यान और श्मशान में और विष और दूध में अन्तर नहीं कर पाते। उनकी हताश संगिनी भी समझती है कि उसके निश्छल पति पत्नी का असली मतलब नहीं समझ पाते, न पति के प्रति पत्नी के एकनिष्ठ स्नेह और प्रेम को ही समझ पाते हैं।

रावण के लिए वधू
(लोककथा)

दस सिरों वाला राक्षसराज रावण शिव का अनन्य भक्त था। उसकी भक्ति से प्रसन्न होकर उसके भोले स्वामी ने उसे वर माँगने के लिए कहा।

'मैं देवी से विवाह करना चाहता हूँ,' रावण ने धृष्टता से कहा।

'तथास्तु,' शिव बोले।

जब पार्वती ने यह बात सुनी तो वह आग-बबूला हो उठी। लेकिन शिव पर नहीं। वह जानती थी कि उसके स्वामी निर्दोष थे और उन्होंने ठीक वैसा ही व्यवहार किया था जैसा पार्वती को उम्मीद थी कि वे करेंगे। उन्होंने एक भक्त की तपस्या पर सहज प्रतिक्रिया व्यक्त की थी, बिना दोबारा विचारे कि उनके वर के अभिप्राय क्या होंगे। नहीं, ये शिव नहीं थे जो पार्वती के आक्रोश

का कारण थे—यह तो कुटिल रावण था, जिसने उसके निश्छल पति का लाभ उठाया था।

पार्वती ने रावण को सबक सिखाने का फ़ैसला किया। उसने एक मेढकी को ऐसी युवती में बदल दिया जो हर पहलू से उस-जैसी दिखती थी। फिर उसने उसे कैलाश पर्वत पर विचरने के लिए छोड़ दिया। रावण जब उसे कैलाश पर्वत पर मिला तो उसने उसे ही पार्वती समझा और झट-पट उसे लेकर द्वीप पर बने अपने राज्य लंका ले गया और उसे अपनी रानी बना लिया। उसे मन्दोदरी के नाम से जाना गया, वह जो कभी मेढकी थी।

विवाह एक सामाजिक संरचना है। परस्पर निष्ठा और विश्वास प्राकृतिक प्रेरणा नहीं, सांस्कृतिक माँग है। संसार में हिस्सेदारी करने और देवी के साथ प्रणय-लीला करने के लिए राज़ी होने के बावजूद, शिव सामाजिक ढाँचे से बाहर ही रहते हैं। जब सामाजिक संरचनाएँ ढह जाती हैं, तब बलात्कार, अविश्वास और निष्ठाहीनता, अनाचारी-अवैध यौन सम्बन्ध और समलैंगिकता जैसी प्रवृत्तियों पर लगे निषेध टिके नहीं रह पाते। समाज लोगों की यौन-प्रेरणाओं पर लगाम लगाता है। समाज स्त्री-पुरुषों की कामनाओं को, जैसे वह ठीक समझता है, धारा में बाँधता है लेकिन उचित अनुचित के सन्दर्भ में एक समाज और दूसरे समाज में अन्तर होता है।

जहाँ अगम्यागमन यानी रक्त-सम्बन्धियों के बीच यौन-सम्बन्ध अधिकांश समाजों में निषिद्ध हो, बहु-स्त्री या बहु-पत्नी प्रथा (एक पुरुष, अनेक पत्नियाँ), बहु-पति प्रथा (एक स्त्री, अनेक पुरुष), यौन आतिथ्य या समलैंगिकता एक समाज में स्वीकार भी हो सकती है, दूसरे में नहीं। इतिहास के एक दौर में समाज द्वारा स्वीकृत नियम-विधान दूसरे में बदल जाते हैं। जो किसी समय उचित था, ज़रूरी नहीं, वह हमेशा उचित ही रहे।

इससे पता चलता है कि शिव की कथाएँ उन्हें एक ही साथ तपस्वी, एक पत्नीव्रत, बहु-पत्नीव्रत यहाँ तक कि अस्पष्ट अथवा दुहरी यौन-परकता

वाले देवता के रूप में चित्रित करती हैं। वे हमेशा समाज से दूरी बनाये रखते हैं। उन पर समाज के नियमों का कोई असर नहीं पड़ता और इसीलिए वे उन्हें हमेशा चुनौती देते रहते हैं।

शिव की यौन छटाएँ

तपस्वी	यौन, प्रेम, वासना और कामना के देवता कन्दर्प का वध
एकपत्नीव्रत	अपनी संगिनी शक्ति को, जो देवी है, अपनी देह का आधा हिस्सा बना लेते हैं
बहुपत्नीव्रत	पर्वत की देवी पार्वती उनकी गोद में बैठती है, जबकि नदी देवी गंगा उनके मस्तक पर आसीन रहती है
यौन-अस्पष्टता	विष्णु के स्त्री-रूप मोहिनी को देखकर वीर्य स्खलित कर देते हैं।

शिव जब एक स्त्री को पाँच पतियों का वरदान देते हैं तो वह उसकी आतंकित प्रतिक्रिया समझ नहीं पाते जैसा कि अगली कथा में वर्णित है।

द्रौपदी के पति

(स्कन्द पुराण)

द्रौपदी ने एक बार शिव का आह्वान किया और पाँच आदर्श गुणों वाले पति का वर माँगा :

वह राजा हो।

वह बलशाली हो।

वह कुशल धनुर्धारी हो।

वह सुन्दर हो।

वह ज्ञानी हो।

शिव ने यह कहते हुए उसे वर दिया, 'तुम्हें वे सभी पति मिलेंगे जिनकी तुम्हें कामना है।'

द्रौपदी आतंकित हो गयी लेकिन शिव का वर तो दिया जा चुका था। शिव सांसारिक कार्य-व्यापार से इतने दूर थे कि वे पाँच आदर्श गुणों वाले एक पति और पाँच आदर्श गुणों वाले पाँच पतियों में कोई अन्तर नहीं देख पाये थे। और इस तरह द्रौपदी का विवाह पाँच पाण्डवों से हुआ :

युधिष्ठिर राजा था।

भीम महाबलशाली मल्ल था।

अर्जुन अद्वितीय धनुर्धारी था।

नकुल दुनिया का सबसे सुन्दर पुरुष था।

सहदेव सबसे अधिक ज्ञानी था।

शिव का मन-मस्तिष्क हर तरह की श्रेणी-बद्धता और भेदभाव से रहित है। इसीलिए अपने विवाह के दिन उन्हें अपनी वधू की माँ को साँप, कपाल और कंकाल भेंट में देते हुए कोई हिचक नहीं होती। वह स्वाभाविक रूप से अचेत हो जाती है और शिव भौचक्के खड़े रह जाते हैं, जबकि उनकी भावी संगिनी स्नेह और प्यार से इस ईश्वर को देखती है जो सांसारिक व्यवहार का अभ्यस्त नहीं है।

शिव की तीसरी आँख शायद शिव के अतीन्द्रिय और लोकोत्तर स्वभाव का सबसे बड़ा प्रतीक है। यह सुन्दरता और कुरूपता में, बायें और दायें में, ऊपर और नीचे में, अतीत और भविष्य में, स्त्री और पुरुष में, खनिज और वनस्पति में, वनस्पति और जानवरों में अन्तर करने वाले विचारों से बिलकुल रहित है। इस आँख की कोई भौं नहीं है, यह न बायें देखती है न दायें, न ऊपर न नीचे, उसकी कोई पूर्व निश्चित दिशा नहीं है। शिव अपनी तीसरी आँख खोलते हैं और कामना के देवता कन्दर्प को भस्म की ढेरी में बदल देते हैं। यह इसलिए कि कामना पहले से कामना करने वाले यानी विषय और काम्य यानी वस्तु के बीच एक भेद मान कर चलती है। कामना यह भी

मान कर चलती है कि अनिच्छित वस्तुओं और इच्छित वस्तुओं में अन्तर है। शिव ऐसे भेदों से परे हैं। इसीलिए वे कामदेव के बाणों से प्रभावित नहीं हो सकते। कामदेव विफल रहते हैं और उनका अस्तित्व मिट जाता है। शिव के पास ऐन्द्रिक सुखों के उद्यान में झाँकने का कोई सन्दर्भ नहीं है। उनकी तीसरी आँख से जन्मा जीव उसी आँख के गुणों और विशेषताओं से सम्पन्न होता है। देवता से जन्मा होने के बावजूद वह आसुरी प्रवृत्ति का होता है। वह माँ और साधारण स्त्री में अन्तर नहीं कर पाता।

अन्धक वध

(वामन पुराण)

पार्वती का मन खिलवाड़ करने को हो रहा था। उसने शिव के पीछे से दबे पाँव आकर अपनी दोनों हथेलियों से उनकी आँखें मूँद लीं। संसार तत्काल अंधकार में डूब गया, क्योंकि शिव की एक आँख सूर्य थी, दूसरी चन्द्रमा। शिव जानते थे कि धरती और उसके निवासी प्रकाश के बिना जीवित नहीं रहेंगे और इसलिए उन्होंने अपनी तीसरी आँख खोल दी।

तीसरी आँख अत्यन्त शक्तिशाली थी और जो ऊर्जा उससे निकली, उससे पार्वती को बहुत पसीना आ गया। उसके पसीने की बूँदों से एक बच्चे का जन्म हुआ। वह अन्धक—अंधकार से जन्मा—कहलाया, क्योंकि जब उसका जन्म हुआ, शिव की आँखें ढँकी हुई थीं।

शिव ने अन्धक को सन्तानहीन राक्षसराज हिरण्याक्ष को सौंप दिया और अन्धक राक्षसों के बीच पला और अन्तत: उनका शासक बन गया। उसने कठोर तपस्या की थी और ब्रह्मा ने उसे वर दिया था कि उसका वध तभी होगा जब वह अपनी सगी माँ को वासना से देखेगा। अन्धक को पूरा विश्वास था कि ऐसा कभी नहीं होगा, क्योंकि उसे यह भी विश्वास था कि उसकी कोई माँ नहीं है।

अन्धक को ब्रह्मा के वर से बहुत शक्ति मिली थी और उसने अपनी सेनाओं के साथ देवताओं के खिलाफ़ कड़ी लड़ाई छेड़ दी। उसने देवताओं को पराजित कर दिया और तीनों लोकों का स्वामी बन गया। उसका राज्य अब ब्रह्माण्ड के हर कोने तक फैल गया। इतने बड़े और शक्तिशाली राज्य में अब उसे एक रानी की ज़रूरत थी। उसे बताया गया कि ब्रह्माण्ड की साम्राज्ञी होने योग्य सुन्दर पार्वती के सिवा और कोई नहीं थी।

अन्धक को पता था कि पार्वती पर्वतराज की राजकुमारी थी, जिसने तपस्वी देवता शिव को मनाने और उनसे विवाह करने के लिए अपने पिता के महल की सुख और सुविधाओं को त्याग दिया था। अन्धक तत्काल शिव के निवास पर गया और उसने पार्वती को रिझाना शुरू कर दिया। उसने प्रेम और निष्ठा के बड़े-बड़े वचन दिये और धन-सम्पदा न्यौछावर करने की बातें कहीं। लेकिन पार्वती ने कोई रुचि नहीं ली। उत्तर में पार्वती की न को स्वीकार न करके अन्धक ने पार्वती को बलपूर्वक उठा ले जाने का फ़ैसला किया।

पार्वती ने सहायता के लिए शिव को पुकारा। जब शिव ने देखा कि अन्धक उनकी पत्नी को बलपूर्वक खींच कर ले जा रहा है तो उनका क्रोध जाग गया। क्रुद्ध होकर वे दहाड़े और उन्होंने अपने त्रिशूल से अन्धक को बींध दिया। जब तक अन्धक हड्डियों का ढाँचा नहीं बन गया, उसका रक्त बहता रहा। शिव ने युगों-युगों तक उसे इसी तरह बिंधी हालत में बन्दी बनाये रखा। वहाँ पड़े-पड़े जीवन और मृत्यु के बीच झूलते हुए अन्धक को बोध हो गया कि वह शिव और पार्वती का पुत्र था। उसने उनसे क्षमा माँगी और फिर शेष सारा जीवन उसने दैवी-दम्पति की स्तुतियाँ गाते हुए बिता दिया।

रावण की तरह अन्धक भी शिव की पत्नी को अपनी साम्राज्ञी बनाना चाहता

था। पद्म पुराण में एक और राक्षसराज जलन्धर शिव का वध करना चाहता था, ताकि वह पार्वती से विवाह कर सके। चूँकि शिव की संगिनी, देवी, भौतिक जगत का साकार रूप है, इसलिए देवी से विवाह की कामना भौतिक जगत का स्वामी बनने की इच्छा का रूपक लगता है। इस उद्देश्य को प्राप्त करने के लिए सबसे सामान्य और सहज साधन तपस्या है। शिव के विपरीत, जो तप का इस्तेमाल आत्म-बोध और सत-चित्त-आनन्द उपलब्ध करने के लिए करते हैं, राक्षस तप का इस्तेमाल संसार को नियन्त्रित करने के लिए करते हैं। ये कथाएँ तपस्वियों, जो दार्शनिक और अध्यात्मवादी हैं, और उन लोगों के बीच संघर्ष को सामने लाती हैं जो रसायनशास्त्री, कीमियागर और जादूगर हैं। तपस्वी समाधि के आकांक्षी हैं, जीवन-मृत्यु और पुनर्जन्म के चक्र से मुक्ति चाहते हैं, चीज़ों के वास्तविक स्वरूप को, सत्य को जानना और देवी सत्ता से मिलन चाहते हैं। कापालिक और तान्त्रिक सिद्धि, पुनर्जन्म और आवागमन के चक्र पर नियन्त्रण के इच्छुक हैं और प्रकृति की शक्तियों को बस में करके, उन्हें अपनी मन-मर्ज़ी से परिचालित करना चाहते हैं।

शुरुआती हिन्दुत्व में समाधि और सिद्धि या तो बौद्धिक वैदिक पथ से उपलब्ध हो सकती थी या अधिक ऐन्द्रिक तान्त्रिक तरीके से। जैसे-जैसे हिन्दुत्व का विकास हुआ, वैदिक पथ और अधिक तप-आधारित और अन्तर्मुखी होता गया, जबकि तान्त्रिक तरीके बाहरी, रासायनिक वास्तविकताओं पर केन्द्रित रहे, जिनमें यौन, सम्भोग और हिंसा शामिल थी। अन्तत: समाधि के आध्यात्मिक लक्ष्य ने वैदिक पथ से जुड़ कर अपनी पहचान बनायी, जबकि सिद्धि का भौतिक लक्ष्य तान्त्रिक तरीके से जाना गया, जिसके कारण हिन्दुत्व में तन्त्र ने अपयश और निन्दा अर्जित की। वैदिक पथ ने भौतिक जगत को माया के रूप में, सम्मोहक भ्रम और मिथ्या के रूप में देखा। उन्हें मुक्तिकारक विद्या की लालसा थी। माया और विद्या, दोनों देवी के रूप हैं। तान्त्रिक देवी को शक्ति के रूप में देखते हैं। उसके माध्यम से उसमें उन्हें दोनों लक्ष्य मिले—संसार को नियन्त्रित करने के मन्त्र और संसार के बन्धन तोड़ कर उससे मुक्त होने का ज्ञान।

उमा-महेश्वर की प्रतिमाएँ वैवाहिक सामंजस्य, आत्मा और पदार्थ की, आन्तरिक देवत्व और बाहरी देवत्व की परस्पर निर्भरता का प्रतीक हैं।

देवी जीवन-रूपी समस्या को साकार करती है। वह समाधान का माध्यम भी है। वही है जो शिव को गुरु बनाती है—पहले उन्हें संघर्ष के लिए उकसा कर और फिर उन साधनों के बारे में सवाल करके, जिनसे शिव देवी को वशीभूत करते हैं। तपस्वी को गृहस्थ बना कर देवी अपने पति से निरन्तर प्रश्न पूछती है—उन्हें उस वास्तविकता पर विचार करने के लिए विवश करते हुए, जिसकी तरफ़ से उन्होंने आँखें बन्द कर रखी थीं—और फिर उन्हें अपने ज्ञान को संसार के लिए उपलब्ध कराने की प्रेरणा देती है। ईश्वर और देवी के बीच संवाद को कभी-कभी ऋषि-मुनि सुन लेते थे और उन्होंने धर्म-शास्त्रों के माध्यम से यह ज्ञान संसार को दिया जो अब वेद और तन्त्र के नाम से जाने जाते हैं।

मत्स्येन्द्रनाथ का जन्म
(नव-नाथ चरित्र)

शिव की संगिनी पार्वती उमा या गौरी के नाम से भी जानी जाती है। एक दिन उसने शिव से पूछा कि संसार का अस्तित्व इन्द्रियों के माध्यम से कैसे अनुभव किया जाता है। उसने बिनती की कि यह रहस्य उसे समझा दिया जाये। शिव ऊहापोह में पड़ गये, क्योंकि यह गहन और गूढ़ ज्ञान था। लेकिन वे उसे अप्रसन्न भी नहीं करना चाहते थे, इसलिए वे उसके सामने इस शर्त पर रहस्य खोलने को तैयार हो गये कि वह इस ज्ञान को किसी के सामने उजागर नहीं करेगी।

ज्ञानदान के दौरान पूर्ण एकान्त सुनिश्चित करने के लिए शिव पार्वती को हिमालय की घाटी में एक दूरस्थ और छिपी हुई कन्दरा में ले गये और वहाँ उन्होंने विस्तार से उसे बताया कि संसार कैसे अस्तित्व में आया, वह कैसे रूपान्तरित होता है और क्यों रूपान्तरित होता है।

अब, हुआ यह कि उस गुफ़ा में एक छोटा-सा सरोवर था, जिसमें एक नन्हा-सा मच्छ रहता था। उसने यह दैवी संवाद

दक्षिणमूर्ति—गुरुओं के गुरु—के रूप में शिव, जो मृत्यु की दिशा यानी परिवर्तन की दिशा दक्षिण की ओर मुख करके बैठते हैं। अपने ज्ञान से वे मनुष्य को जीवन के उतार-चढ़ाव का सामना करने में सहायता देते हैं। वे बरगद के पेड़ के नीचे बैठते हैं और अपना दायाँ पैर धरती पर रखते हैं। बरगद का पेड़ और दाहिना पैर, दोनों आत्मा की शान्ति-स्थिरता और अपरिवर्तनशील सच्चाई से जुड़े हैं।

चुपके से सुन लिया और ज्ञान प्राप्त करने के बाद वह अपने को एक पुरुष में बदलने में सफल हो गया। वह सरोवर से निकला और गुफ़ा के बाहर आ गया। फिर वह धरती पर यात्रा करता हुआ इस ज्ञान को, जो उसने शिव को पार्वती के सामने उजागर करते सुना था, हरेक से साझा करते घूमा। उसे मत्स्येन्द्रनाथ कहा गया। उसके आठ शिष्य थे जो शिव का सन्देश लेकर संसार की आठ दिशाओं में गये।

दक्षिण भारत के बहुत-से मन्दिरों की दक्षिणी दीवार पर हमें शिव एक बरगद के पेड़ के नीचे बैठे तपस्वियों के साथ विमर्श करते दिखायी देते हैं। उनका दाहिना पैर एक राक्षस के शरीर पर रखा, उसे कुचल रहा होता है और बायाँ मोड़ कर जाँघ पर टिका होता है। शिव के इस रूप को दक्षिणमूर्ति कहते हैं—वह गुरु जो दक्षिण दिशा की ओर उन्मुख है।

पूर्वी भारत में देवी की पूजा आम लोगों में दक्षिण काली के रूप में होती है—वह निरंकुश देवी जो दक्षिण दिशा से प्रवेश करती है। देवी को एक नग्न, सांवली स्त्री के रूप में कल्पित किया जाता है, जिसके बाल खुले हैं, जो खून पीती हुई, हंसिया लहराती है और जिसके गले में नरमुण्डों की माला है। दक्षिणमूर्ति शिव इस तरह देवी की ओर मुँह किये बैठते हैं। कथाओं में वे देवी का आगे बढ़ना रोक देते हैं।

हिन्दू वास्तु-शास्त्र के अनुसार दक्षिण मृत्यु के देवता यम का राज्य है। उत्तर दिशा धन-सम्पदा के देवता कुबेर का राज्य है। इस तरह दक्षिण नश्वरता की, संसार से जाने वालों की दिशा है, जबकि उत्तर दिशा संसार में स्थायित्व से जुड़ी है। इसलिए देवी, जो इन्द्रियों के भौतिक जगत का साकार रूप है, दक्षिण से प्रवेश करती है, एक ही साथ सृष्टि के विचारों को (नग्न, ऐन्द्रिक) और विनाश के विचारों को (रक्त-पिपासु और हिंसक) अपने में समोये। उसे देखकर व्याकुलता और उत्तेजना पैदा होती है—व्याकुलता इसलिए कि परिवर्तनशील संसार में कुछ भी निश्चित नहीं है; उत्तेजना इसलिए, क्योंकि उसकी नग्न देह आनन्द और पुनर्जन्म का आश्वासन देती है।

एक टाँग ऊपर को उठाये शिव को ऊर्ध्व नटराज कहते हैं जो
देवी को वश में करने के लिए यह मुद्रा अपनाते हैं।

बरगद के पेड़ के नीचे बैठे, जो अपने दीर्घ जीवन, स्थायित्व, छाया के लिए जाना जाता है, उत्तर दिशा से प्राप्त ज्ञान को बाँटते हुए शान्त संयत और सौम्य दिखाई देते हैं।

ऊर्ध्व जंघा

(तमिल मन्दिरकथा)

काली की सृष्टि असुरों का विनाश करने के लिए हुई थी। उसने धूमधाम से अपनी भूमिका निभायी, उन सब का खून पीते हुए उनका वध कर दिया। लेकिन अपना काम पूरा करने के बाद वह रुकी नहीं। वह अपने रास्ते में हर आने वाले को मारती और नष्ट करती बढ़ती रही। देवता इस निरंकुश विनाश से आतंकित हो उठे, लेकिन वे भी काली को रोक पाने में असमर्थ थे। ब्रह्मा और विष्णु के साथ वे शिव के पास गये और उनकी सहायता माँगी।

शिव काली को रोकने के लिए राज़ी हो गये। उन्होंने काली को, जो आक्रोश में पागल होकर संसार का चक्कर लगा रही थी, रास्ते में रोक लिया और नृत्य की प्रतियोगिता की चुनौती दी। 'अगर तुम नृत्य में मुझे हरा दो तो तुम मेरा सिर काट कर मेरा खून भी पी सकती हो,' उन्होंने क्रोध से अनियंत्रित देवी से कहा। काली उनकी चाल में आ गयी। उसने अपनी सारी ऊर्जा और आक्रोश को विनाश की ओर से मोड़ कर नृत्य की ओर केन्द्रित किया। देवता साँस रोक कर शिव और काली का नृत्य देखते रहे। उनके आवेग-भरे पद-संचालन से पृथ्वी काँपने लगी। सूर्य और चन्द्रमा ने उन्मत्त लय-ताल पर दैवी जोड़े के अंग संचालन से घबरा कर पर्वतों के पीछे शरण ली।

शिव और काली युगों-युगान्तरों तक नाचते रहे। दोनों का नृत्य-कौशल एक जैसा था। काली वह सब कर सकती थी जो शिव करते थे और शिव काली की हर मुद्रा का अनुकरण कर

सकते थे। दोनों में से कोई भी दूसरे को अधिक कुशल सिद्ध होने नहीं दे रहा था। तभी अचानक शिव ने अपनी बायीं जँघा उठायी जिससे उनका बायाँ घुटना उनके बायें कान के पीछे और बायाँ पैर सिर के ऊपर चला गया। काली ने उनकी मुद्रा अपनाने के लिए अपनी टाँग उठानी चाही, लेकिन उसे स्त्री की सहज मर्यादा ने रोक दिया। वह अपने गुप्तांगों को समूचे संसार के सामने उजागर किये बिना उस मुद्रा को नहीं अपना सकती थी। लज्जा से मुस्कुराते हुए उसने हार मान ली। देवताओं ने शिव की सूझ-बूझ की जयकार की, क्योंकि काली अब एक मर्यादित कन्या में रूपान्तरित हो गयी थी। शिव को नृत्य के देवता नटराज के नाम से जाना जाने लगा। जो मुद्रा उन्होंने अपनायी थी, उसे ऊर्ध्व नटराज कहा जाने लगा—वह मुद्रा जिसने निरंकुश देवी को वश में किया था।

भौतिक जगत में पानी सबसे अधिक प्रयोग होने वाला हिन्दू प्रतीक है। जीवन तरल है, सदा परिवर्तनशील, कभी स्थिर नहीं रहता, पानी की तरह, जो पात्र के आकार में ढल जाता है, पर उसका सार नहीं बदलता। अगर पानी संसार है तो मन-मस्तिष्क पात्र है। पात्र अपना आकार बदल सकते हैं; टूट सकते हैं, लेकिन पानी बहता रहता है।

जब संसार अपनी शैशवावस्था में था, जब संसार में कोई 'वस्तु' नहीं थी, तब पदार्थ का अस्तित्व एक आकारहीन और नामहीन पुंज के रूप में

था जिसे काव्यात्मक शब्दावली में 'क्षीर सागर' यानी दूध का सागर कह कर वर्णित किया गया। संसार बेरंग, अर्थहीन और उद्देश्यविहीन जान पड़ता था। उसमें आनन्द और उल्लास का अभाव था। इन्द्रियों को तृप्त करने के लिए कोई प्रेरणा या उकसावा नहीं था।

पितृ-देवता के पुत्रों के दो समूह थे—आदित्य और दैत्य—जो अदिति और दिति नामक उनकी दो पत्नियों से जन्मे थे। उन्होंने इस संकल्प के साथ सागर को मथना शुरू किया कि नाम और आकार वाली वस्तुओं की सृष्टि करेंगे, जो ब्रह्माण्ड को असंख्य अनुभवों के पात्र में रूपान्तरित कर देंगी। लेकिन उन्हें अनुमान नहीं था कि सागर से क्या निकल कर बाहर आयेगा।

आनन्द और उल्लास के साथ दुख आये; अमृत के साथ आया हलाहल यानी विष। इस भय से कि दुख और विष संसार को नष्ट कर देगा, वे परम तपस्वी-गुरु शिव की शरण में गये। शिव इस बात से उदासीन थे कि क्या काम्य है क्या नहीं। वे सकारात्मक और नकारात्मक के परे थे। सिर्फ़ वे ही उस सब को स्वीकार कर सकते थे जो दूसरा कोई नहीं कर सकता था। सिर्फ़ वही उनका उद्धार कर सकते थे और यह निश्चित कर सकते थे कि संसार पर दुख हावी न हो जाये।

नीलकण्ठ
(शिव पुराण)

एक बार समृद्धि और भाग्य की देवी लक्ष्मी तीनों लोकों से लुप्त हो गयी। वह क्षीर सागर में कूद गयी और पूरी तरह उसमें घुल गयी। लेकिन देवता और असुर, दोनों उसे किसी भी कीमत पर वापस चाहते थे। उन्होंने मन्दार पर्वत की मथानी बना कर सागर को मथने का फ़ैसला किया। उन्होंने वासुकी नाग को मन्दार के गिर्द डोरी की तरह इस्तेमाल किया और स्थिर, सबल आधार के लिए कछुओं के राजा अकुपार को मन्दार के नीचे रखा। वह मन्दार को अपनी पीठ पर धारण करके सागर के ऊपर रखने वाला था।

असुरों ने तब वासुकी की पूँछ पकड़ी और देवताओं ने उसकी गर्दन और सागर को मथना शुरू किया। वे युगों-युगों तक क्षीर सागर को मथते रहे। अन्तत: उनका श्रम रंग लाया और लक्ष्मी बहुत-सी दूसरी चीज़ों के साथ सागर के बाहर आयी, जिनमें अमरता प्रदान करने वाला अमृत भी था।

देवता और असुर लक्ष्मी को सागर से वापस बाहर निकालने पर बहुत प्रसन्न हुए। वे अपने श्रम के अन्य फलों को परख रहे थे जब अचानक सागर ने हलाहल नामक घातक विष भी बाहर फेंक दिया। दोनों पक्षों में घबराहट और आशंका फैल गयी। वे उन सारी चीज़ों को तो रखना चाहते थे, जो उन्होंने सागर को मथ कर निकाली थीं, लेकिन दोनों में से कोई पक्ष हलाहल को लेने के लिए तैयार नहीं था। सच तो यह है कि वे उससे जल्दी-से-जल्दी पीछा छुड़ाना चाहते थे। अपनी हताशा में उन्होंने मदद के लिए शिव को पुकारा।

तपस्वी शिव विष और अमृत में कोई भेद नहीं करते थे। उन्होंने हलाहल को लिया और उसे अपने होंठों की तरफ़ उठाया। देवी ने अपने स्वामी को विष निगलते देखा और उसके मन में उस विष के प्रभाव के बारे में भारी भय पैदा हुआ। वह उनकी तरफ़ दौड़ी और उसने शिव की गर्दन दबा कर उसके चारों तरफ़ एक सर्प को कस कर बाँध दिया। विष कण्ठ में ही रुक गया और शिव के शरीर में नहीं जा सका। इसी कारण शिव को नीलकण्ठ कहा जाने लगा।

जीवन के सुखों का आनन्द लेने के लिए जीवन के दुखों को सहने की क्षमता भी होनी चाहिए। न तो आदित्यों को यह मालूम है कि कैसे यह होगा, न दैत्यों को। सिर्फ़ शिव को यह ज्ञान है। उन्हीं में हलाहल पीने की शक्ति है। लेकिन देवी विष को गले के नीचे नहीं उतरने देती, क्योंकि अगर वह विष शिव के पेट में गया तो वह उसे अपने अन्दर की आग से नष्ट कर देगा। और

देवताओं के आदेश पर हलाहल पीते शिव।

अगर पीड़ा नष्ट हो गयी तो आनन्द का कोई अर्थ नहीं रह जायेगा। पीड़ा और आनन्द, दोनों के बिना जीवन का कोई अर्थ नहीं रह जाता।

शिव सिर्फ़ इसीलिए विषपान कर सके, क्योंकि वे योगेश्वर हैं। योग मन-मस्तिष्क को मुक्त करता है और उसे इतना लचीला बनाता है कि बिना जीवन को अपने ऊपर हावी होने की छूट दिये, उसका अनुभव किया जा सके।

स्थायित्व और नश्वरता के प्रतीक

स्थायित्व	नश्वरता
बरगद का पेड़	घास
पर्वत	नदी, सागर
कछुआ	सांप
राख, भस्म	पानी

अगर शिव पर छोड़ दिया जाता तो वे हलाहल को पूरी तरह नष्ट कर देते और ऐसा करते हुए उन्होंने जीवन के अनुभव को भी नष्ट कर दिया होता। देवी उन्हें ऐसा नहीं करने देती। देवी के दोनों रूप हैं—काली भी, गौरी भी। वह हलाहल और अमृत, दोनों का साकार रूप है। एक रूप का कोई अर्थ दूसरे रूप के बिना नहीं है। एक को नष्ट करने का मतलब है दूसरे को नष्ट करना। जीवन का उद्देश्य है देवी के दोनों रूपों का अनुभव और उन्हें स्वीकार करना और ईश्वर को खोज निकालना जो देवी के दोनों रूपों का साक्षात्कार कराये। इस तरह देवत्व की बाहरी परस्पर विरोधी प्रकृति हमें अपने अन्दर के देवत्व का साक्षात्कार करने के लिए प्रेरित करती है।

शक्ति का भौतिक जगत आतंककारी है, क्योंकि वह अस्थायी है। फिर

भी, उसके अस्थायित्व में पुनर्नवीनीकरण का आश्वासन है। संसार में मृत्यु भी अस्थायी है। सभी चीज़ों का पुनर्जन्म होता है। एक ही नदी में दोबारा पैर रखना सम्भव नहीं है क्योंकि पानी हमारी भिंची हुई मुट्ठियों से सरक जाता है, लेकिन नदियाँ जीवनदायी हैं। वे अपने किनारों पर सभ्यताओं का पोषण करती हैं। इसकी पुष्टि मृतकों के पुनर्जन्म को सुनिश्चित करने के लिए उनकी भस्म को नदियों में प्रवाहित करने की हिन्दू रीति से होती है। बरगद का पेड़ छाया दे सकता है और स्थायित्व का आश्वासन दे सकता है, लेकिन वह घास के एक तिनके को भी अपने इर्द-गिर्द उगने-पनपने नहीं देता, न जीवनदायी फल प्रदान करता है। इस तरह भौतिक जगत की विशेषता ही है परस्पर विरोधी मूल्यों का होना। नदी अस्थायी और निरन्तर प्रवहमान है, तो भी वह जीवन को पोसती है। बरगद का पेड़ छाया प्रदान करता है, लेकिन किसी भी प्रकार के जीवन को अपने गिर्द पनपने नहीं देता। अगली कथा में शिव अस्तित्व की नदी के दोनों पक्षों को एक-दूसरे के साथ मिलाते हैं।

गंगा अवतरण
(रामायण)

भगीरथ के पूर्वजों ने एक बार भूल से एक तपस्वी पर चोरी का आरोप लगाया था। इस अपमान से आग-बबूला होकर तपस्वी ने ताप और संयम-नियम से प्राप्त शक्तियों के बल पर उन्हें जीवित ही भस्म कर दिया था। दुर्भाग्य से उनकी अकाल मृत्यु हुई थी। फलस्वरूप, भगीरथ के पूर्वजों को मृतकों के लोक में प्रवेश नहीं मिला और वे जीवित और मृत लोगों के लोकों के बीच दुखी होकर मंडराते रहे।

उन्होंने भगीरथ से बिनती की कि वह पुनर्जन्म के चक्र में फिर से प्रवेश करने का कोई साधन खोजे। यह तभी सम्भव था अगर उनकी भस्म गंगा नाम की नदी में प्रवाहित की जाये। गंगा एक महान नदी थी जो आकाश गंगा के रूप में देव लोक में बहती थी और भगीरथ के पास अपने पूर्वजों की भस्म को देव

शिव, जिन्होंने संसार की ऊर्जा अपने अन्दर समेट ली थी, देवी के पत्नी बनने के बाद जीवन की नदी का स्रोत बन जाते हैं।

लोक तक ले जाने का कोई उपाय नहीं था। लेकिन वह अपने पूर्वजों की विपदा से विचलित था और उसने फ़ैसला किया कि वह उस नदी को धरती पर उतार लायेगा।

उसने ऐसी कठोर तपस्या की कि देवता गंगा को स्वर्ग से उतर कर धरती पर बहने की छूट देने के लिए विवश हो गये। लेकिन उस अप्सरा-रूपी नदी ने, जो गंगा का साकार रूप थी, इस विचार पर उपहास किया, क्योंकि वह जानती थी कि गंगा का वेग इतना प्रबल था कि वह समूची धरती को बहा ले जा सकती थी। तब भगीरथ ने शिव की सहायता लेने का फ़ैसला किया। शिव कैलाश पर्वत पर हाथ कमर पर रखे, गंगा को धरती तक पहुँचने से पहले अपनी जटाओं में पकड़ने के लिए खड़े हो गये। गंगा, धरती पर उतरने के लिए, अपनी सारी दिव्यता में स्वर्ग से कूदी, लेकिन शिव की जटाओं में आते ही उसने अपने को शिव की जटाओं में फँसा पाया। वह प्रयत्न करके भी उन जटाओं से मुक्त नहीं हो पा रही थी। वह किसी बन्दी पखेरू की तरह सन्ताप और व्यथा से ऐंठती रही और उसे तभी मुक्ति मिली जब उसने मन्द प्रवाह का आश्वासन दिया। शिव की जटाओं से कलकल की ध्वनि के साथ निकल कर गंगा पर्वतों से होकर मैदानों को पार करती हुई सागर की तरफ़ बढ़ी और अपने किनारों पर जीवन और उल्लास लायी। भगीरथ ने अपने पूर्वजों की भस्म को गंगा में प्रवाहित किया और जैसा कि उसे पहले बताया गया था, उसके पूर्वजों को पुनर्जन्म के चक्र में शामिल होने के लिए मृतकों के लोक में प्रवेश मिल गया।

शिव जीवन की नदी को वश में करने के लिए अपनी जटाओं का उपयोग करते हैं। तन्त्र के अनुसार शारीरिक शक्ति मानसिक शक्ति से आती है और मानसिक शक्ति यौन-संयम से आती है। शिव की जटाओं में, जो अपने वीर्य को युगों-युगों तक संजोये रखते हैं, इतनी शक्ति है कि वे जल को संजो सकते हैं या किसी नदी को अवरुद्ध कर सकते हैं।

गंगा उस संसार का साकार रूप है, जिसका बोध इन्द्रियों द्वारा होता है; लेकिन गंगा का उमड़ता जल, जो भौतिक रूपान्तरणों का प्रतीक है, शिव को बहा नहीं ले जा पाता। वे आसानी से इस सब को सहन कर लेते हैं और अन्तत: वे उस प्रवाह को नियन्त्रित कर देते हैं। शिव की घनी, उलझी हुई जटाएँ उनकी मानसिक शक्ति की सूचक हैं। समाधि और योग के माध्यम से शिव के पास जीवन की नदी के प्रबल प्रवाह का सामना करने और उसे कल्याणकारी शक्ति में रूपान्तरित करने की मानसिक शक्ति है। अगर देवी शिव के जीवन में न रही होतीं तो शिव ने गंगा को नष्ट कर दिया होता। लेकिन देवी को अपने साथ पाकर वे भौतिक जगत के मूल्यों के प्रति संवेदनशील हैं। कामदेव की तरह गंगा-रूपी अप्सरा को भस्म करने की बजाय वे उसे अपनी दूसरी पत्नी बना लेते हैं। दूसरे शब्दों में वे अपने मन-मस्तिष्क को सभी भौतिक पदार्थों से पीछे नहीं खींच लेते; वे सिर्फ़ उनके रूपान्तरणों के प्रति अपनी प्रतिक्रिया को नियन्त्रित करते हैं।

गंगा को अपनी जटाओं में पकड़कर शिव उसके वेग को धीमा कर देते हैं जिससे वह अपने किनारों के भीतर-भीतर बहती हुई, जीवन को पोसती रहती है। इस तरह वह ऊर्जा जो तप से रोक रखी गयी थी, अब गंगा को बाँधने के लिए मुक्त की जाती है। गंगा की ओर से संसार को नष्ट करने की सम्भावना शिव को अपने संचित तप का उपयोग संसार के कल्याण में लगाने के लिए विवश करती है। इस तरह तप जीवन-रस में रूपान्तरित हो जाता है और संसार का पालन-पोषण करता है। मन्दिरों में, एक मटकी, जिसके नीचे बने छेद से, लगातार बूँद-बूँद करके पानी शिवलिंग पर टपकता रहता है, यह गंगा का प्रतीक है। संसार का जल जो शिव को संसार के कल्याण और लाभ के लिए अपने तप को मुक्त करने के लिए विवश करता है।

उनके लिए जो अब भी भौतिक जगत से कोई वास्ता नहीं रखना चाहते, शिव उद्धारक की भूमिका निभाना जारी रखते हैं। अगली कथा में एक भक्त संसार से मुक्ति चाहता है। अपनाया गया उपाय तपस्या नहीं, भक्ति या समर्पण है। भक्त मृत्यु और परिवर्तित होने के लिए अभिशप्त है, तो भी, शिव के माध्यम से वह आवागमन के चक्र से पूर्ण मुक्ति पा जाता है।

मार्कण्डेय का उद्धार
(शिव पुराण)

मार्कण्डेय के माता-पिता लम्बे समय से निःसन्तान थे। कोई वारिस न होने के कारण उद्विग्न होकर उन्होंने शिव से प्रार्थना की। शिव को उन पर दया आ गयी और उन्होंने एक वर दिया—या तो वे एक मूर्ख बेटा ले लें, जिसे लम्बी आयु का वरदान होगा। अन्यथा उनके यहाँ एक अत्यन्त बुद्धिमान पुत्र होगा, जिसकी आयु छोटी होगी। काफ़ी सोच-विचार के बाद उन्होंने दूसरा विकल्प चुना।

इस तरह मार्कण्डेय महादेव के वरदान से जन्मे थे, लेकिन उनका सोलह वर्ष की आयु में निधन लिखा था। अपने सोलहवें जन्मदिन की पूर्व संध्या पर मार्कण्डेय ने इस जगत में जीवन की अन्तिम घड़ियाँ शिव की प्रार्थना करते हुए बिताने का फ़ैसला किया। अगली सुबह नियत समय पर मृत्यु के देवता यम मार्कण्डेय को लेने आये। लेकिन मार्कण्डेय ने उन्हें रुकने के लिए कहा, क्योंकि उन्होंने अभी अपनी प्रार्थना सम्पन्न नहीं की थी। यम उस युवक के अज्ञान पर हँसे। 'मृत्यु किसी के लिए नहीं रुकती,' वे चिल्लाये और उन्होंने मार्कण्डेय के गले में फन्दा डाल दिया। अपने जीवन की अन्तिम साँस को घुटता हुआ महसूस करके मार्कण्डेय ने एक अन्तिम चीख के साथ शिव को अपना जीवन समर्पित कर दिया।

शिव ने यह अन्तिम पुकार सुनी और मार्कण्डेय के सामने प्रकट हुए। उन्होंने यम को लात मारकर एक तरफ़ किया और मार्कण्डेय को लेकर कैलाश पर्वत चले गये, जहाँ वे हमेशा एक युवक की तरह जीवन जीते रहे।

शिव भक्तों के लिए शिव का निवास, कैलाश या शिवलोक सबसे ऊँचा स्वर्ग है और इन्द्र के स्वर्ग से भी ऊँचा है, जहाँ सभी भौतिक इच्छाएँ पूरी होती हैं और विष्णु के निवास से भी ऊँचा है, जहाँ व्यक्ति भौतिक आवश्यकताओं से

मुक्त रहता है। शिव के निवास पर भक्ति से पहुँचा जा सकता है और भक्ति के माध्यम से हम चेतना की उन गाँठों को खोल सकते हैं, जो हममें भ्रम पैदा करती हैं और हमें सच्ची वास्तविकता को समझने से रोकती हैं। संसार में रहते हुए, शिव के प्रति भक्ति की सहायता से, जीवन के हर—अच्छे या बुरे—पल को शिव की देन के रूप में स्वीकार करते हुए हम तपस्या का लक्ष्य—सत-चित्त-आनन्द—पा सकते हैं। और वह भी उपलब्ध कर सकते हैं जिसका हर यज्ञ में अभाव था—शान्ति, शान्ति, शान्ति।

निष्कर्ष : विनाश का विखण्डन

शिव हमारे भीतर का देवत्व है—जीवन का पर्यवेक्षक। शक्ति हमारे चारों ओर का देवत्व है—जो परखा गया वह जीवन है। दोनों में से किसी एक के बिना दूसरे का अस्तित्व नहीं है। हिन्दू ऋषियों ने इस परस्पर निर्भरता को शिवलिंग के प्रतीक से व्यक्त किया है। जैसे लिंग को योनि-सरीखे आधार के बिना दूसरे गोल, लम्बवत स्तम्भों से अलग नहीं किया जा सकता, वैसे ही लिंग का सामने वाला हिस्सा योनि के आधार की वामोन्मुख संरचना से ही पहचाना जा सकता है, हम संसार को समझे और परिभाषित किये बिना स्वयं अपने को समझ और परिभाषित नहीं कर सकते।

शिवलिंग में लिंग की कल्पना ऊर्ध्वमुखी है, क्योंकि शक्ति की कल्पना शिव के ऊपर की गयी है, उत्तर की ओर उन्मुख, जबकि शिव नीचे लेटे रहते हैं दक्षिण की ओर उन्मुख। तन्त्र में इस मुद्रा को विपरीत रति कहते हैं। लिंग का जल-कुंड शक्ति के गर्भ में प्रवेश-द्वार का प्रतीक है—जिस संसार गें ऱग रहते हैं—जिसमें शिव का लिंग, अर्थात् उनको ऊर्जा खींचकर लायी जा रही है। शिव अन्तर्मुखी, निष्क्रिय चेतना है, जिसे शक्ति उत्तेजित करती है ताकि जीवन घटित हो सके। शक्ति दक्षिण दिशा से आती है, जो दिशा मृत्यु और परिवर्तन से जुड़ी है। शिव का ज्ञान उन्हें शक्ति की ओर पूरी शान्ति और धीरता से देखने का सामर्थ्य देता है। शक्ति चाहती है शिव शंकर बनें। वह चाहती है कि वे उसे जानें और स्वीकार करें, और उसके माध्यम से स्वयं अपने को जानें।

शिव जानते हैं कि शक्ति अनन्त रूपान्तरणों और उत्तेजनाओं की नदी है जो सारी मानसिक शान्ति बहा कर ले जा सकती है। शुरू-शुरू में शान्ति के उद्देश्य से शिव ने उससे मुँह फेर लिया और अपना सारा ध्यान

अपने भीतर समेट लिया जैसे कछुआ अपने आपको समेट लेता है। इसके परिणामस्वरूप जो आत्मस्थ स्थिति आयी उसमें बाहरी वास्तविकता के प्रति उदासीनता थी। भौतिक रूप आँखों को अनाकर्षक लगने लगा (भभूत से ढँका शरीर)। आस-पास का परिवेश जीवन के लिए दुष्कर हो गया (हिम-मण्डित पर्वत)। संसार के कष्टों से दूर, शिव आनन्ददायक निष्क्रियता में लीन हो गये, जिस स्थिति को कला में उत्थित लिंग द्वारा व्यक्त किया गया है। यह ऐन्द्रिक उत्तेजना की प्रतिक्रिया नहीं थी; इसमें वीर्य का स्खलन नहीं था, लेकिन स्वयंभू आत्म-केन्द्रित था।

बाहरी संसार को 'निरखने' और उसके प्रति क्रिया-प्रतिक्रिया व्यक्त करने से इनकार करके शिव बाहरी वास्तविकता की आवश्यकता को अस्वीकार करते हैं। ऐसा करते हुए वे खुद अपने अस्तित्व को संकट में डाल देते हैं, क्योंकि निरीक्षण के बिना कोई निरीक्षक नहीं हो सकता। शिव की एकाग्र तपस्या ने उन्हें अग्नि में रूपान्तरित कर दिया जिसकी सर्वग्रासी लपटों को नियन्त्रित करने की ज़रूरत है। इसीलिए लिंग के ऊपर लटका घट और जलाधार नीचे। ये देवी के प्रतीक हैं जो शिव के ध्यान को बाहर की ओर निर्देशित करते हैं, विनाशकारी ऊर्जा को अपने जल से सबके हित के लिए रचनात्मक ऊर्जा में रूपान्तरित करते हुए भक्त शक्ति के साथ मिल कर इस कल्याणकारी रूपान्तरण में सहयोग करते हैं, पूजा के दौरान भक्तिपूर्वक लिंग पर जल चढ़ाते हुए और नीचे बहे जल को इकट्ठा करते हुए वे चाहते हैं कि शिव वरदायी कल्याणकारी शंकर बन जायें।

शिव और शक्ति का अन्तहीन सम्भोग आन्तरिक और बाहरी संसारों के बीच अनन्त संघर्ष का प्रतीक है—शिव बन कर उससे विमुख होने या शंकर बन कर उसे स्वीकार करने की हमारी इच्छा। जब लय शुद्ध हो, जब इनमें से कोई एक-दूसरे पर हावी न हो तो—शान्ति, शान्ति, शान्ति—होती है, अपने से, अपने संसार से और चारों तरफ़ की हर चीज़ के साथ शान्ति। योग का उद्देश्य—चाहे तपस्वी का हठ-योग हो, दार्शनिक का ज्ञान-योग हो, भक्त का भक्ति-योग हो या गृहस्थ का कर्म-योग हो—चेतना को बन्धन-मुक्त करने और भौतिक जगत के साथ सामंजस्य स्थापित करने के लिए होता है ताकि

हम अस्तित्व के बाहरी सिद्धान्त को, सनातन धर्म को अनुभव कर सकें—

तुम्हारे अन्दर देवत्व ईश्वर है

तुम्हारे चारों तरफ़ देवत्व देवी है

इनमें से किसी के बिना कुछ भी नहीं है

उनकी खोज में ज्ञान निहित है

उनके सामंजस्यपूर्ण मिलन में अनन्त आनन्द है।

❑❑❑

Bhattacharji, Sukumari. The Indian Theogony. New Delhi: Penguin Book, 2000.

Coupe, Lawrence, Myth. London: Routledge, 1997.

Dange, Sadashiv Ambadas. Encyclopaedia of Puranic Beliefs and Practices, Vol. 1-5. New Delhi: Navrang, 1990.

Danielou, Alain. Gods of Love and Ecstasy: The Traditions of Shiva and Dionysus. Rochester, Vt.: Inner Traditions International, 1992.

______. Hindu Polytheism. Rochester, Vt.: Inner Traditions International, 1991.

Flood, Gavin. An Introduction of Hinduism. New Delhi: Cambridge University Press, 1998.

Frawley, David. From the River of Heaven. Delhi: Motilal Banarsidass, 1992.

Hawley, J.S. and D.M. Wulff, eds.. The Divine Consort. Boston: Beacon Press, 1982.

Highwater, Jamake. Myth and Sexuality. New York: Meridian, 1990.

Jakimowicz-Shah, Marta. Metamorphosis of Indian Gods. Calcutta: Seagull Books, 1988.

Jayakar, Pupul. The Earth Mother. Delhi: Penguin Books, 1989.

Kinsley, David. Hindu Goddesses. Delhi: Motilal Banarsidass, 1987.

Klostermaier, Klaus K. Hinduism: A Short History. Oxford: Oneworld Publications, 2000.

Knappert, Jan. An Encyclopedia of Myth and Legend: Indian Mythology. New Delhi: HarperCollins, 1992.

Kramrisch, Stella. The Presence of Shiva. New Delhi: Motilal Banarsidass, 1988.

Mani, Vettam. Puranic Encyclopaedia. Delhi: Motilal Banarsidass, 1996.

Meyer, Johann Jakob. Sexual Life in Ancient India. Delhi: Motilal

Banarsidass, 1989.

O'Flaherty, Wendy Doniger, trans. Hindu Myths. Delhi: Penguin Books, 1975.

______. Origins of Evil in Hindu Mythology. New Delhi: Motilal Banarsidass, 1988.

______. The Rig Veda: An Anthology. New Delhi: Penguin Books, 1994.

O'Flaherty, Wendy Doniger. Sexual Metaphors and Animal Symbols in Indian Mythology. New Delhi: Motilal Banarsidass, 1981.

______. Œiva: The Erotic Ascetic. London: Oxford University Press Paperback, 1981.

Pattanaik, Devdutt. Devi: An Introduction. Mumbai: Vakil, Feffer and Simons, 2000.

______. Goddess in India: Five Faces of the Eternal Feminine. Rochester, Vt.: Inner Traditions International, 2000.

______. Hanuman: An Introduction. Mumbai: Vakil, Feffer and Simons, 2001.

Pattanaik, Devdutt. Man Who Was a Woman and Other Queer Tales from Hindu Lore. New York: Harrington Park Press, 2001.

______. Shiva: An Introduction. Mumbai: Vakil, Feffer and Simons, 1997.

______. Vishnu: An introduction. Mumbai: Vakil, Feffer and Simons, 1999.

Walker, Benjamin. Hindu World, Vol 1 and 2. Delhi: Munshiram Manoharlal, 1983.

Wilkins, W.J. Hindu Mythology. Delhi: Rupa, 1997.

Zimmer, Heinrich. Myths and Symbols in Indian Art and Civilization. Delhi: Motilal Banarsidass, 1990.

www.ingramcontent.com/pod-product-compliance
Lightning Source LLC
LaVergne TN
LVHW042121190726
843493LV00006B/1548